本书受山西省高等学校哲学社会科学研
定性分析与金融危机的触发及预防（2016231）资助

银行脆弱性分析与金融危机的触发及救助

李梦花　著

中国财经出版传媒集团
经济科学出版社
Economic Science Press

图书在版编目（CIP）数据

银行脆弱性分析与金融危机的触发及救助/李梦花著.
—北京：经济科学出版社，2018.7
ISBN 978 - 7 - 5141 - 9588 - 0

Ⅰ.①银…　Ⅱ.①李…　Ⅲ.①银行业 - 风险管理 -
研究　Ⅳ.①F830.3

中国版本图书馆 CIP 数据核字（2018）第 176628 号

责任编辑：王　娟　张立莉
责任校对：杨晓莹
责任印制：邱　天

银行脆弱性分析与金融危机的触发及救助
李梦花　著
经济科学出版社出版、发行　新华书店经销
社址：北京市海淀区阜成路甲 28 号　邮编：100142
总编部电话：010 - 88191217　发行部电话：010 - 88191522
网址：www. esp. com. cn
电子邮件：esp@ esp. com. cn
天猫网店：经济科学出版社旗舰店
网址：http://jjkxcbs. tmall. com
北京财经印刷厂印装
710 × 1000　16 开　10.5 印张　200000 字
2018 年 10 月第 1 版　2018 年 10 月第 1 次印刷
ISBN 978 - 7 - 5141 - 9588 - 0　定价：39.00 元
（图书出现印装问题，本社负责调换. 电话：010 - 88191510）
（版权所有　侵权必究　打击盗版　举报热线：010 - 88191661
QQ：2242791300　营销中心电话：010 - 88191537
电子邮箱：dbts@ esp. com. cn）

前　言

2008 年，美国的次贷问题最终演变为一场席卷世界的国际金融危机，这使得金融脆弱性尤其是银行体系的脆弱性成为各国学界、政界关注的焦点。由于银行业高负债经营的行业特征使其天然具有脆弱性的属性，因此，无法消除。但脆弱性水平的高低受众多因素的影响，经典理论从信贷周期变化、资产价格波动以及储户对银行的信心等视角对银行脆弱性进行了研究。本书在借鉴经典理论的基础上，进一步考虑银行业由于高负债经营，其稳定程度与公众利益密切联系，因此，对银行业的监管尤其是对资本充足与否的监管是否有助于改善银行脆弱性水平；此外，金融创新的蓬勃发展使得银行业在创造巨额财富的同时也已引发了美国的金融危机，传统观点倡导的金融创新促进银行稳定受到挑战，因此，本书从理论与实证两个方面重点分析了信贷变化、资产价格波动、资本充足监管与金融创新对银行脆弱性的影响。事实上，对银行脆弱性的分析仅仅考察影响因素是远远不够的，银行脆弱性之所以再次受到关注是因为它有可能引爆金融危机，但这却并不是必然的，因此，从考察银行脆弱性到金融危机的预防、触发及事后的救助是一个非常有意义的课题。本书以山西省高等学校哲学社会科学研究项目"商业银行不稳定性分析与金融危机的触发及预防"为基础，试图构建理论模型对这一问题进行阐述，在此基础上对中美两国进行案例分析，主要研究结论有以下几点。

第一，本书将银行脆弱性与信贷繁荣及经济虚拟化结合起来进行研究。重点考察分析了经济虚拟化视角下信贷热潮的影响及作用机理。研究结果表明，信贷热潮及经济虚拟化的发展程度自身对我国银行脆弱性有显著影响，而且信贷热潮还通过银行体系的市场结构、银行部门提供的国内信贷占比强化了这一影响；令人欣慰的是，虚拟经济的发展弱化了信贷热潮对银行脆弱性的影响。

第二，结合最新的"有向无环图"方法，重点探究我国信贷规模、资产价格波动与银行脆弱性间的同期因果关系，并进一步分析了信贷规模、资产价格波动与银行脆弱性三者之间的相互影响，研究结果表明，信贷规模和资产价格与银行脆弱性之间不仅均存在同期因果关系，还存在中长期的影响，但信贷规模与资产价格之间影响有限，房地产价格波动主要来自于自身因素。

第三，资本监管一直是银行业监管的主要内容，而且在《巴塞尔协议》的 3 次修订中，资本充足监管的重要性从未被削弱。本书实证分析了我国上市银行与非上市银行中资本充足监管与银行稳定之间的关系。研究结果表明，我国商业银行存在资本监管与银行稳定的单一门槛效应，二者是非线性关系。此外，在上市银行样本中，无论资本充足率位于高水平还是低水平，资本监管与银行稳定均呈现负相关；而在非上市银行样本中，资本监管与银行稳定的关系不仅存在门槛特征，而且在高、低两种资本充足的状态下，资本监管对银行稳定影响的方向不同。

第四，本书在梳理金融创新与金融稳定，尤其是银行稳定关系相关理论与实证文献的基础上，采用面板 VAR 实证分析方法，针对我国目前的现状，深入探究金融创新对银行稳定的影响。结果表明，我国和美国金融创新对银行脆弱性的影响均显著，但在我国是正向关系，而在美国为负向关系，表明我国自 2005 年以来的金融创新有助于改善银行体系的脆弱性水平，但美国过度的金融创新推高了银行的脆弱性水平，因此，金融创新与银行脆弱性之间已经不是简单的二元论断，而是动态变化的。

第五，本书对银行脆弱性演变为金融危机的预防及触发条件构建了理论模型，并辅以具体案例进一步分析。在此基础上，本书试图提供一个"预防—监管—救助"三位一体的全方位应对脆弱性到金融危机的演变方案。预防主要通过借鉴中国在非常时期的"集中直接剥离"制度，来防止银行脆弱性集聚危及其信贷功能的发挥，从而诱发金融危机。监管强调在金融创新浪潮的冲击下，伴随金融机构个体之间联系的交错复杂，只对单个金融机构实施监管的微观审慎变得十分困难，可行性下降，因此，应该重视建立以系统风险为主要对象的宏观审慎监管。救助主要针对危机已经发生，为减少损失，政府对金融机构和市场应提供的救助。救助主要从以下三个方面进行：资产方、负债方、股本权益方。具体措施有：购买问题资产、为资产损失提供担保、对金融机构债券进行担保、通过贷款或再贴现等注入流动性、认购优先股、收归国有等以补充资本金。

目　　录

▌第 1 章▐

绪　　论

全球银行业发展强劲，但始于 2007 年，并于 2008 年全面爆发的全球金融危机使银行业固有的脆弱性再次被关注。事实上，金融危机是对银行脆弱性不断攀升的一种清算，这一清算方式显然给经济带来了极大冲击。因此，银行脆弱性受哪些因素的影响；探讨通过什么样的制度安排可以预防银行脆弱性的积聚触发金融危机；以及危机发生后政府应如何救助这几方面都具有一定的理论及现实意义。

1.1　问题的提出

银行脆弱性是一个古老而又丰富的研究课题。一直以来，无数学者对银行脆弱性的起因、影响因素以及对宏观经济稳定的冲击都进行了大量的研究，相关文献几乎可以说是汗牛充栋。目前，我国处在各项改革尤其是金融改革的关键推进期，我国的银行脆弱性受哪些因素的影响？银行脆弱性是否必然引发金融危机？这是亟须解决的棘手问题。

1.1.1　研究背景

1.1.1.1　全球银行业在快速发展中的脆弱性凸显

自 20 世纪七八十年代以来，全球银行业发展强劲。王家强和瞿亢（2014）指出截至 2013 年，全球 1000 家大银行总资产为 1130 千亿美元，一级资本为 66 千亿美元，税前利润为 9.2 千亿美元，均创历史新高，具体如表 1.1 所示。

表 1.1　　　　2007～2013 年全球 1000 家大银行的财务指标

财务指标	2013 年	2012 年	2011 年	2010 年	2009 年	2008 年	2007 年
总资产（千亿美元）	1130.53	1123.91	1072.33	1016.41	955.32	963.95	902.56
增长率（%）	0.6	4.8	5.5	6.4	-0.9	6.8	21.6
一级资本（千亿美元）	66.24	61.63	57.46	54.34	49.12	42.76	38.99
增长率（%）	7.5	7.3	5.7	10.6	14.9	9.7	15.9
税前利润（千亿美元）	9.20	7.50	7.02	7.09	3.88	1.15	7.81
增长率（%）	22.7	6.8	-1	82.7	237.4	-85.3	21.9
资本回报率（%）	13.89	12.16	12.23	13.1	2.7	2.69	20
资产回报率（%）	0.81	0.67	0.66	0.69	0.41	0.12	0.87
资本与资产比率（%）	5.86	5.48	5.36	5.35	5.14	4.44	4.32

资料来源：《中国银行业国际化现状、前景与对策建议——兼评 2014 年全球 1000 家大银行排行榜》。

其中，中国上榜银行数量从 2007 年的 45 家增加至 110 家[①]，在一级资本、总资产和税前利润三个指标上，占比分别达到 17.1%、18.0%、31.8%，已经仅次于欧元区排在第二位，如表 1.2 所示。

表 1.2　　　2013 年 1000 家大银行财务指标按区域或国家的比较　　　单位：千亿美元

国家	2013 年			2012 年			2011 年		
	一级资本	总资产	税前利润	一级资本	总资产	税前利润	一级资本	总资产	税前利润
欧元区	13.68	293.24	28	13.00	307.16	-49	17.22	408.95	2
中国	11.92	193.54	292	9.09	157.01	242	7.82	135.33	206
美国	11.64	140.95	183	10.92	139.16	144	10.52	133.41	132
日本	5.37	115.37	64	6.05	131.50	62	6.01	130.76	60
英国	4.72	92.72	22	4.59	98.43	20	4.41	99.99	33
1000 家合计	66.24	1130.53	920	61.63	1123.91	750	57.46	1072.33	702

资料来源：《中国银行业国际化现状、前景与对策建议——兼评 2014 年全球 1000 家大银行排行榜》。

----

① 资料来源：The Banker。

但伴随着全球银行业迅速发展的浪潮，银行业的风险不断积聚，脆弱性提升。银行（Bank，2001）的研究报告指出，金融业的各领域毫无例外均具有脆弱性，但其中银行业脆弱性位居首位。根据国际货币基金组织（IMF）的测算，自 2010 年以来，欧洲主权债务危机给银行体系带来 3 千亿欧元的风险缺口，截至 2012 年，美国与欧洲银行业到期债务额高达 36 千亿美元，高额资金缺口使银行业风险加剧，危及全球银行稳定。

2014 年第 10 期的《全球金融稳定报告》认为，"危机爆发后六年，全球经济复苏仍然在很大程度上依赖于先进经济体为支持需求、鼓励企业投资和促进资产负债表修复而实施的宽松货币政策。在先进经济体，宽松货币政策鼓励承担经济风险。""然而，长期实行宽松货币政策也可能鼓励过度承担金融风险，导致更多资金配置到高风险资产，宽松货币政策面临着上行经济收益与下行金融稳定风险之间的权衡取舍。""尽管经济收益在一些经济体正变得越来越明显，市场和流动性风险已上升到若不加以解决就会损害金融稳定的程度。"

2014 年 1 月的《世界经济展望》指出，金融稳定持续面临下行风险。公司杠杆率已上升，在许多新兴市场的经济体，外币债务风险暴露也已增加。金融市场和资本流动波动性的增大仍然是一个令人担心的问题。如果还存在国内银行的脆弱性，就可能导致更急剧的资本外流和汇率调整。

中国人民银行金融稳定分析小组发布的《中国金融稳定报告 2014》指出，截至 2013 年，世界经济低速增长，全球金融体系继续调整，国际金融市场波动较大，经济复苏和金融稳定仍面临着一系列挑战。我国银行业运行整体平稳，存贷款保持增长，资本质量较好，拨备整体较为充足，但盈利增速放缓，发展转型压力增大。部分行业、领域和地区的风险有所积累，流动性风险管理难度加大。

1.1.1.2　我国信贷扩张及经济虚拟化对银行业稳定的冲击

2008 年，美国爆发的次贷危机最终演变为一场席卷世界的国际金融危机。在危机期间，大量金融机构陷入流动性短缺、资不抵债等的漩涡，甚至一些行业翘楚，如雷曼兄弟宣告破产。此后危机的影响扩展到世界经济的各个方面，实体经济受到严重拖累。各国 GDP 增速放缓，甚至出现负增长，贸易额大幅下滑，致使各国不得不无休止地采取各种宽松的刺激政策，而这又带来了一系列新的问题，比如，通胀甚或滞胀。时至今日，世界经济仍然不可以说已经走出这场源于金融体系的灾难。这使得金融脆弱尤其是银行体系的脆弱性已成为各国学界、政界关注的焦点。

在过去的数十年间，世界各国经历了不同程度的金融深化。一方面，金融中介机构数量和规模持续扩大，资本市场上的衍生产品不断涌现，衍生链条不断延伸，资产交易额和市值迅速攀升，使得经济虚拟化程度加深；另一方面，各国信贷出现持续的快速扩张过程。特奈尔和韦斯特曼（Tornell and Westermann，2002）指出，信贷繁荣多数会逐渐减速，但有时会强化金融系统的脆弱性，引发货币和金融双危机。成思危（1999）通过理论分析认为，虚拟经济是一把"双刃剑"，对实体经济的发展，一方面可能是利器，另一方面也可能是破坏者。而随着经济虚拟化的不断加深，它的最大危害是造成金融危机。刘骏民和张国庆（2009）通过对美国数据的实证分析指出，虚拟经济的不稳定性与敏感性成为诱发金融危机的因素。以上分析表明，随着经济虚拟化程度的提升，以及信贷膨胀的涌现，新兴经济体金融体系的不稳定性逐渐凸显。我国作为新兴市场，经济发展取得了持续的高速增长，而金融体系仍然是以金融中介机构为主导的，这使得对银行脆弱性水平的关注具有重要的现实意义。伴随着中国经济的高速发展，一方面，经济虚拟化程度不断攀升，由 1999 年的 0.92 到 2013 年的 18.796①；另一方面，信贷持续增长，金融机构各项贷款由 1999 年的 9.37 万亿元增长到 2013 年的 71.9 万亿元②。但目前已有的银行体系脆弱性问题研究从信贷繁荣视角考察的还很不充分，而将银行脆弱性与信贷繁荣及经济虚拟化结合起来的就更少了。

1.1.1.3 近年来资产价格的波动助长了银行脆弱性

此外，回顾世界经济发展的历史，1929 年，发生在美国华尔街的股市大崩溃；20 世纪 80 年代，日本由泡沫经济破裂引发的经济长期萧条；1997 年，始于泰国泰铢贬值而后扩散为东南亚的金融危机以及 2007 年由美国次贷危机引发的全球金融危机，无一例外，均伴随着资产价格大幅波动及信贷规模的剧烈变动。我国自 2001 年加入 WTO 以来，已成长为世界第二大经济体，这表明，我国经济的发展对世界各国的发展起到了越来越

---

① 资料来源：国家统计局各年统计年鉴及 ccer 数据库，在此基础上整理计算。
② 资料来源：国家统计局各年统计年鉴。

大的带动作用，但同时，国际经济环境对我国经济发展的影响愈发显著。例如，2007 年美国次贷危机爆发后，各国均采取宽松的刺激政策，在宽松一边倒的国际经济环境下，我国政府为尽可能地减少这场危机带来的损失，不得不采取同样的宽松政策，致使我国信贷规模及货币供应量 M2 呈现出阶跃式的增长。从具体的数字来看，2009 年 1 月～2014 年 3 月，我国金融机构境内各项贷款余额达到 72 万亿元。危机发生后，2009 年全年的新增境内各项贷款达到 9.63 万亿元，而危机前的 2007 年的全年新增贷款为 3.64 万亿元，前者几乎为后者的 3 倍①。与此同时，资产价格尤其是房地产市场经历了相当幅度的上涨。那么这种银行信贷的剧烈增长和资产价格的大幅上涨对我国的银行脆弱性（银行稳定）会有影响吗？其影响渠道是什么？这正是本书需要重点进行分析的。

1.1.1.4　2007 年次贷危机的冲击引发银行资本充足率监管的研究热潮，全球对银行稳定的关注再次升温

国际货币基金组织（IMF）定期发布的《全球金融稳定报告》，对全球金融脆弱性的状况进行了评估。金融稳定理事会（FSB）的一项重要任务就是为解决金融脆弱性问题提供了有效可行的政策及措施。2010 年，新修改通过的《巴塞尔协议Ⅲ》提高了资本充足率的监管标准，如将一级资本充足率下限的要求由原来的 4% 提升到 6%；引入了净稳定融资率及流动性覆盖率的两个指标，更加有针对性地重点监控了银行的流动性问题；同时提出了加强对系统重要性银行的监管。

资本充足率监管对银行稳定的影响也吸引了大量的国内外学者，比如，国外学者巴特和迪卡普里奥等（Barth and Caprio Jr et al., 2004）；珀西若斯和塔纳等（Pasiouras and Tanna et al., 2009）；雷文和莱尼（Laeven and Levine, 2009）；国内学者曲洪建、张相贤和王宇明（2014）；杨熠和林仁文（2013）；徐明东和陈学彬（2012）；宋琴和郑振龙（2011）；翟光宇和陈剑（2011）均对资本充足率监管对银行稳定的影响进行了深入的研究。

1.1.1.5　银行脆弱性引致危机的中美差异

2007 年，美国次贷危机的风波蔓延至银行体系，各银行机构面临着前

---

① 资料来源：国家统计局各年统计年鉴及 ccer 数据库。

所未有的流动性压力。花旗银行、美林银行等享誉全球的金融机构，其报表显示明确的巨额亏损。比如，花旗银行，2007 年的第三季度财报显示，因坏账等信贷问题，盈利同比下跌 57%，账面损失高达 65 亿美元。同年的第四季度，亏损额高达 98 亿美元，成为 196 年发展史中最大的单季度亏损①。在巨大流动性压力的冲击下，银行脆弱性问题凸显，而且最终在长链条、高杠杆的金融市场传导下演化为一场破坏力极强的金融危机。值得深思的是美国政府对此次金融危机的处置与之前爆发于 1929 年大危机的措施存在很大不同。1929 年 10 月，美国股市崩盘，但当时政府信奉的是主流经济学的经济自由化主张，即期望通过市场自身运行机制的调节走出股市灾难，因此，美联储的政策出发点是抑制投机而非救市，制定并最终采取紧缩的货币政策，将高达 5% 的再贴现率继续执行到次年，利息率上调一个百分点，并持续到 1933 年；而美国政府为了缓解巨额的财政赤字，于 1932 年，通过了美国和平发展时期增幅最大的税收法，大幅提供所得税额的同时增加了附加税等②。由此可见，爆发于 20 世纪 30 年代的大危机，美国政府将危机的处置交给了公平自由的市场机制，政府自身更多的是去营造、维持公平有序的市场秩序，而没有代替市场去稳定金融市场以减少损失，缩短危机的持续蔓延，该政策后来被很多学者认为是延误了政府救助最佳时机的直接原因。但源于 2007 年美国次贷风波的金融危机，美国政府的处置发生了很大转变。次贷风波爆发后，美联储迅速启动降息的措施，截至 2008 年 12 月连续 10 次降息，基准利率降至历史最低点：0～0.25% 区间，贴现率降至 0.5%③；首次对商业银行的存款准备金支付利息。不仅如此，随着危机的蔓延，美国政府开始对一些大型金融机构实施接管、债务担保、资产重组或者注资等救助，比如，联邦住房金融署直接接管了美国最大的两家住房贷款机构——房利美及房地美；为花旗银行 3060 亿美元资产提供担保；为花旗银行和摩根大通提供高达 250 亿美元的注资援助；此外，还出台了相应的经济刺激计划，至 2009 年 2 月，美国通过了 7800 多亿美元的经济刺激方案④。

历史上，我国商业银行曾遭遇严重的呆坏账（不良贷款）问题，从现有数据来看，学者施华强（2005）对我国商业银行不良贷款率进行了较为科学的估算，数据显示，1999 年我国的国有商业银行不良贷款余额高达

---

① 资料来源：bankscope 数据库。
②③ 资料来源：美国联邦储备局，https：//www.federalreserve.gov/。
④ 资料来源：美国经济分析局，https：//www.bea.gov。

2.82 千亿元人民币，不良贷款率激增到 1994 年以来的历史峰值 44%。国际货币基金组织（IMF）对其成员方进行了一项商业银行不良贷款率与金融危机（银行脆弱性的极端表现形式）关系的统计，结果显示，自 1980 年以来，在其 108 个发生银行脆弱性凸显的成员方中，有 67%（72 个）的案例由银行的不良贷款率高而引发。其中，41 次金融危机的爆发有 24 次（占比 50% 以上）与银行不良贷款高度相关。由此可见，银行的不良贷款率指数与银行脆弱性水平密切相关，直接关系到金融体系的稳定。在我国，银行脆弱性毫无例外是由银行高负债经营的内在特征决定的，但发人深思的是，当我国银行不良贷款率跃升至 44% 的历史最高水平时，我国银行脆弱性如此凸显却从没有爆发类似像美国的金融危机，那么我国的商业银行不良贷款为什么没有引发银行危机（金融危机）？其对金融稳定及经济平稳运行的不良影响是如何化解的？化解机制及渠道又是怎样的？这是一个非常值得我们去深入研究的现实问题。

1.1.2 选题意义

全面理解和持续关注银行脆弱性，源于以下几方面原因。

第一，银行脆弱性状态不仅直接反映了金融体系是否健康有序的运行，还对宏观经济的发展也有相当程度的影响。回顾世界经济发展史，我们发现每一次大的经济动荡几乎都伴随着金融体系尤其是银行部门脆弱性的凸显。比如，1929 年美国华尔街的股市大崩溃、20 世纪 80 年代日本经济泡沫的破裂引发的长期萧条、1997 年始于泰国泰铢贬值而后蔓延为东南亚的金融危机以及 2007 年美国次贷危机引发的全球经济危机，无一例外，均伴随银行脆弱性的提升，甚至发生银行倒闭。因此，银行脆弱性对宏观经济的正常发展至关重要。

第二，银行业负债经营的行业特点。银行最核心的功能是：吸收公众存款、发放贷款，其最主要的职能是为资金供需方提供货币供给与货币创造。由此可见，银行是为经济发展服务最基础也是最重要的部门。但银行特有的"借短贷长"的经营模式，其最大的特征就是缺乏流动性的资产负债管理和储户对流动性需求的非确定性，因此，经常使其陷于"挤兑式"平衡，银行体系具有与生俱来的脆弱属性。虽然我国金融（银行）体系经受住了全球金融危机的严峻考验，但这并不能说明我国银行体系不具有脆弱性的本质属性，而是因为我国有效合理的宏观政策，即独立的货币政策及有效的财政政策，使得我国在面临金融危机一轮又一轮的冲击时，相比其他国家更有能力运用财政货币政策去应对冲击，稳定经济；但同时，在这一艰难的过程中，我国金融（银行）体系风险在不断地累积，考虑到我国正处于市场化进程的加速阶段，经济金融体系正发生着日益深化的变革，我们更应该重视金融（银行）体系脆弱性的客观存在，正视其可能带来的严重危害。因此，研究我国的银行脆弱性及其影响因素具有很强的现实意义，唯有如此，才能对我国的银行脆弱性做出科学客观的定量评价，为今后积极应对我国银行脆弱性提供有益借鉴。

第三，储户个人。银行有效发挥为资金供需双方配置资金中介职能的重要前提条件是吸收存款，而存款的所有人是广大储户。事实上，银行存款是储户配置财富资产的一种形式，而在我国，银行依然为主体的金融体系下，银行存款通常为最主要的一项选择，这从我国银行存款年年创新高的统计数据中可以得到证实。截至 2016 年，我国银行存款达到 1505864 亿元，较 2015 年同期增长了 10.97%。因此，对银行存款负有管理及到期偿还义务的银行，其经营状况的稳定与否直接影响到储户自身的财富状况及其财富的配置方式，这一影响效应会溢出到其他的资产市场，影响其他形式资产的市场价格，比如，股票价格、房地产价格等。因此，清晰地认识我国银行脆弱性及其内在的作用机理，对维护储户合法权益及资产资本市场健康运行有重要的理论指导及现实意义。

第四，银行体系特有的脆弱性，在经济发展的周期中，若任其积聚，会引发类似美国的金融危机，这正是我们持续关注银行脆弱性的根本原因。事实上，金融危机是对银行脆弱性不断攀升的一种清算，这一清算方式显然会对经济带来极大冲击。有没有其他方式可以在清算银行脆弱性的同时，避免类似金融危机对经济发展带来的极大破坏，及通过什么样的制度安排可以预防银行脆弱性的积聚引发金融危机？若不幸爆发危机，政府应如何救助？本书通过对中美两国的案例分析来阐述这一问题。

1.2 研究思路与研究方法

本节主要介绍本书研究的主要思路，在研究过程中拟采用的研究方法及相关数据来源。

1.2.1　本书的研究思路

首先，回顾了国内外学者对金融（银行）脆弱性已有定义及内涵的解释，在此基础上，本书对银行脆弱性的含义进行了进一步提炼；其次，构建由银行脆弱性演变为金融危机的预防及触发条件的理论模型，为深入了解我国银行脆弱性影响因素，本书从多角度对银行脆弱性的影响因素进行了实证分析与检验；再其次，对中美两国进行案例分析，阐述预防银行脆弱性引发危机的制度安排、银行脆弱性引爆危机的内在机制及危机爆发后的政府救助；最后，进行具体政策建议的分析。根据以上的研究思路，本书共分为 7 章，第 1 章为绪论，介绍了本书的研究背景及选题意义、研究思路及结构、主要研究内容、研究方法以及创新和不足之处。第 2 章为已有文献的评述。第 3~6 章为本书的主体部分。第 7 章为本书的结论与政策启示。本书逻辑结构图如图 1.1 所示。

1.2.2　研究方法

在本书的研究过程中，严格遵循经济学的基本分析方法，具体有：

（1）文献综述法。文献综述法是经济研究中比较古老但又极具生命力的方法，主要是指对文献进行搜集、整理、归纳、分析，以了解已有的研究成果及未来的研究方向，并在此基础上，提炼和完善对经济现象、经济规律的科学认识。从而为更具体细致地研究我国银行脆弱性问题提供了理论指导与经验支持。

（2）面板数据分析法。面板数据是时间序列数据在空间维度上的扩展，也可以理解为是截面数据在时间维度上的扩展，显然，它具有时间序列和截面数据两个维度，因此，我们可以用时间序列—截面数据来确切地表达面板数据的含义。有关面板数据，其最经典的两个分析模型分别是固定效应模型和随机效应模型，伴随着计量经济学的发展，出现了一些新的模型，比如，本书对信贷热潮与银行脆弱性影响的研究中就采用了动态面板（系统 GMM）的估计模型来进行实证分析，这一模型的典型特征是解释变量含有被解释变量的滞后项。

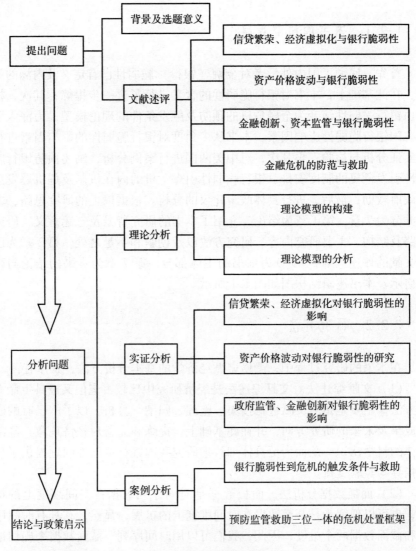

图 1.1　本书的逻辑结构

（3）面板门槛回归模型。本书在研究我国资本充足率监管与银行稳定的关系时采用面板门槛回归模型，来探讨我国商业银行资本充足率监管与银行稳定的关系是线性的还是非线性的。本书进一步将我国商业银行分为上市银行和非上市银行，重点考察资本充足率监管与银行稳定的关系是否会因银行上市与否而存在差异。

（4）有向无环图（DAG）方法。DAG 是一类无环的有向图，变量间是单向的控制关系，DAG 所描述的因果结构是递归类型的因果结构。而且 DAG 技术是基于数据的客观分析，因此，较好地克服了 Granger 因果分析及固定样本下预测方差分解方法的局限性。本书采用有向无环图（DAG）技术分析了信贷规模、资产价格波动与银行脆弱性三者之间的同期因果关系，并以此为基础进行了 SVAR 的识别及递归的预测方差分解，有效地刻画了三者之间的相互影响。

1.2.3　数据来源

本书对信贷热潮与银行脆弱性关系的研究，研究样本的年度区间为1999～2013 年。由于各银行在样本期间均有不同程度的数据缺失，因此，本书使用数据为非平衡的面板数据。结合本书的研究，借鉴刘晓欣和王飞（2013）剔除了以下几类个体：证券公司、政策性银行、信托公司和国际银行，同时，对样本期内发生重组或合并的银行，采用合并银行数据的方法。最终的样本包括中国银行、中国农业银行、中国工商银行、中国建设银行和交通银行 5 家大型商业银行；浦发银行、中信银行、兴业银行、华夏银行、北京银行和渤海银行等 100 家中小型商业银行。因此，本书最终的研究样本确定为 1999～2013 年的我国 105 家商业银行。本书使用的各项银行数据来源于 Bankscope 数据库及各银行年报，而宏观指标等均来源于国家统计局的各年统计年鉴及 ccer 经济金融数据。

由于面板门槛回归模型要求数据为平行面板，因此，选取 2005～2013 年我国的 64 家商业银行的平行面板数据。其中，包括北京银行、中国工商银行、民生银行等上市银行及广发银行、杭州银行等非上市银行。书中使用的银行数据来源于 Bankscope 数据库、银行年报及 Wind 数据库，其他变量来源于国家统计局的各年统计年鉴及 ccer 数据库。

本书采用有向无环图（DAG）技术分析了信贷规模、资产价格波动与银行脆弱性三者之间的同期因果关系时使用的样本区间为 1999 年 1 月～2014 年 3 月的数据，本书使用的各项银行数据来源于中经网统计数据库和CCER 经济金融数据库。为消除季节因素，本书采用 X13 - ARIMA - SEATS 软件对数据进行了季节调整。

本书在对金融创新与银行脆弱性关系的研究分析中，采用了两组面板数据，面板数据 A 包括我国 64 家商业银行；面板数据 B 包括金融创新水平较高的美国的 3190 家商业银行及投资银行。由于数据资料有限，在面板 A 中，选取 2005 ~ 2013 年的我国 64 家商业银行的平行面板数据。其中，包括北京银行、中国工商银行和民生银行等上市银行及广发银行、杭州银行等非上市银行。本书使用的银行数据来源于 Bankscope 数据库、银行年报及 Wind 数据库。在面板 B 中，本书选取了 1999 ~ 2013 年美国 3190 家商业银行及投资银行的平行面板数据。其中，包括摩根大通银行、美洲银行、花旗银行和房地美等，相关银行数据均来源于 Bankscope 数据库。

1.3 创新点及不足

1.3.1 本书的创新点

创新点一：本书将商业银行固有的银行脆弱性与金融危机爆发结合在一起，构建了由银行脆弱性演变为金融危机的预防及触发条件的理论模型。银行脆弱性积聚与金融危机爆发不能简单地划等号，二者之间存在引爆的条件机制，也同样蕴含着预防机制。在对金融危机的预防、爆发和救助的每一个阶段，避免银行脆弱性积聚损害商业银行信贷功能的正常发挥均为底线。要坚守这一底线，建立针对商业银行的各项资金注入渠道（比如，政府救助、制度安排）等，是十分必要的。本书通过理论分析，阐述了银行脆弱性演变为金融危机的预防及触发，发现构建类似预防制度及政府救助等资金注入渠道可以有效地避免银行脆弱性积聚引爆的金融危机。在此基础上，通过对中美两国金融危机爆发与银行脆弱性的案例分析来具体阐述这一问题。

创新点二：本书提供了一个"预防—监管—救助"三位一体的全方位应对银行脆弱性到金融危机的演变方案，为监管和相关政策的实践提供了一个重要参考。本书提出坚持预防为主的原则，对金融机构表内表外各项业务施以有效监管，并做好应急处置的预案。预防主要通过借鉴中国在非常时期的"集中直接剥离"制度，来防止银行脆弱性集聚危及其信贷功能的发挥，从而诱发金融危机；监管强调在金融创新的浪潮冲击下，伴随金融机构个体之间联系的交错复杂，只对单个金融机构实施监管的微观审慎变得十分困难，可行性下降，因此，应该重视建立以系统风险为主要对象的宏观审慎监管。应急救助主要针对危机已经发生，为减少损失，政府对金融机构和市场进行救助。政府主要从以下三个方面救助：资产方、负债方、股本权益方。具体措施有：购买问题资产、为资产损失提供担保、对金融机构债券进行担保、通过贷款或再贴现等注入流动性、认购优先股和收归国有等以补充资本金。

创新点三：本书采用中美两国商业银行数据，运用面板门槛模型、DAG 因果分析以及面板 VAR 模型实证分析了银行脆弱性的影响因素。面板门槛模型是基于数据本身特点的内生划分区间，从而可以有效避免人为划分资本充足水平的偏误，研究证实，我国商业银行存在资本监管与银行稳定的单一门槛效应，二者是非线性关系。DAG 技术无需添加任何先验信息或假设条件，仅仅通过分析扰动项的方差协方差矩阵，即可有效地识别扰动项的同期因果关系，还能够客观确定扰动项的具体结构形式，避免缺乏依据的主观判断，结论显示信贷规模和资产价格与银行脆弱性之间不仅均存在同期因果关系，还存在中长期影响。面板 VAR 模型实证分析了银行脆弱性、金融创新与金融机构资产规模三者之间的相互影响。结论显示，我国和美国金融创新对银行脆弱性的影响均显著，但在我国为正向关系，而在美国为负向关系。此外，银行脆弱性水平与金融创新在两国均呈现出双向因果关系；信贷变化对银行脆弱性的影响，本书将其与经济虚拟化初期的我国国情结合起来，构建含交叉项的估计模型进行实证检验，从而使这一研究更加具有现实意义。

1.3.2　本书的不足之处

由于数据获取的有限性，在本书的研究样本中舍弃了一些数据质量较好但不完整的样本，如洛阳银行。因此，研究结论难以具有较强的代表性。此外，对影响银行脆弱性的其他因素（如系统重要性银行）等缺乏关注，这是本书的不足之处，也是本书后续需要继续跟进与补充的内容。

第 2 章

文 献 述 评

毫无例外，金融业各领域均具有脆弱性，但其中，银行业脆弱性位居首位。银行业脆弱性是诱发银行危机的一个主要内在动因，但脆弱属性并不必然会引发银行危机，这需要一定的触发条件。首先，本章对银行脆弱性内涵的文献进行了综述，包括定义、测度指标及相关概念辨析；其次，对银行脆弱性的影响因素进行了综述，包括信贷规模、资产价格波动、资本充足监管以及金融创新；最后，对银行脆弱性与金融危机的关系进行综述，包括金融危机的防范与救助。在此基础上，本书侧重探讨了建立何种制度可以有效舒缓银行脆弱性，从而避免其引爆危机。

2.1 银行脆弱性的基本内涵、相关概念及测度指标

本节阐述了银行脆弱性的基本内涵，并对若干组联系紧密的相关概念进行了辨析，最后介绍了银行脆弱性的测度指标。

2.1.1 金融脆弱性与银行脆弱性

脆弱性一词经常与不稳定性、风险以及危机同时出现但又相互有所区别。20 世纪 80 年代，随着金融自由化浪潮的发展，金融动荡与危机不断爆发，金融脆弱性的概念正是在这一背景下应运而生的。时至今日，金融业对各国经济发展的贡献提升显著（美国金融业产值占 GDP 的比例由1947 年的 2.4% 上升到 2013 年的 7.2%，我国这一比例也由 2004 年的3.4% 上升到 2013 年的 5.9%[①]），金融业固有的脆弱性更加吸引着大量学

① 资料来源：美国国家经济分析局网站及 Wind 数据库。

者的研究，不容乐观的是，纵观30年来的已有文献，金融脆弱性缺乏一个清晰而又统一的定义，总体来看，主要有广义和狭义两类。前者源于费雪（Fisher，1933）的研究，他指出，经济上升期引起的普遍过度负债会带来一系列的潜在隐患，而这些隐患会在经济下行时集中爆发，若此时中央银行不施以援助，大量企业会因资不抵债等问题而破产，从而触发金融脆弱性，即金融系统对外部冲击较为敏感而濒临危机边缘的一种脆弱状态或情形，爆发金融危机。凯恩斯（Keynes，1936）认为，资产的预期收益决定的金融交易本身具有不确定性，因此，金融体系具有内化的不稳定机制。艾伦和盖尔（Allen and Gale，1998）将金融脆弱性界定为一种极端敏感的情形，即经济在一个极小的冲击下就可能陷入崩溃的状态。狭义的金融脆弱性是指金融体系的一种内在不稳定性，它强调金融脆弱性是由其高负债经营的行业特点所决定的。这一概念的提出可追溯到马克思的"内在脆弱性假说"。他认为资本主义经济是内在不稳定的，主要表现就是金融不稳定性。但较为系统地研究金融脆弱性问题的是美国著名经济学家明斯基（Minsky）。他于1963年提出"金融脆弱性假说"，1982年，最先较系统地阐述了金融脆弱性问题，并重点关注了银行脆弱性，明斯基（Minsky，1982）认为，金融业高负债经营及借短贷长的行业特征使其天然具有脆弱性属性。明斯基（Minsky，1992）从企业角度全面系统地研究了"脆弱性假说"，认为脆弱性主要来源于借款企业的高负债及借短贷长的行业特征。这种借款企业和商业银行等私人信用创造机构的内在特性使银行体系具有天然的内在脆弱性。黄金老（2001）认为，狭义的金融脆弱性是其经营更容易失败的本性，这是由金融业高负债经营的行业特征所决定的；而广义脆弱性是指一种趋向于高风险的状态，包括一切融资领域中的风险积累。

除了以上从广义与狭义两个视角来分析认识金融脆弱性，有学者尝试从现象来描述金融脆弱性，如姜磊和杨娟（2001）提到戴维斯的定义，即金融体系的脆弱性是指金融市场上出现的一种冲击：它们可以导致在信贷市场或资产市场上，发生价格与流量无法预测的变化，从而使金融公司陷入倒闭的危险，伴随这种危险信号的蔓延，甚至可以达到肢解支付机制以及金融体系提供资本能力的破坏力。此外，有学者从金融制度、金融结构演进来分析，比如，伍志文（2003）认为，金融脆弱性是指由于金融制度的非均衡而导致风险的积聚，从而使金融体系丧失全部或者部分功能的状态。

银行（Bank，2001）的报告中指出，毫无例外，金融业各领域均具有脆弱性，但其中银行业脆弱性位居首位。金融发展史清晰地告诉我们：银行危机爆发的次数及其对整个金融体系及经济发展的破坏力都远远高于股票等其他金融市场，尽管表面上看似股票市场的起伏远远大于信贷市场。

现代金融机构种类繁杂，业务多有交叉，大体上包括银行业、保险业、证券业、基金业、信托投资公司、租赁业以及期货业等，本书的银行业是指主要从事与货币供给、货币创造相关业务的多层次金融机构，也有学者将其称为银行体系，主要有中央银行、商业银行以及农信商业银行及农信社等。凯恩斯·约翰·梅纳德（1986）认为："典型的现代银行体系包括一颗恒星，即中央银行，还有行星——按照美国的习惯用法，我们为方便起见称为会员银行。"以上分析显示，银行最核心的内涵是：吸收公众存款、发放贷款，其最主要的职能是为资金供需方提供货币供给与货币创造。《现代金融大辞典》中给银行这一词条的确切解释是："专门经营存放款、储蓄、汇兑、结算等业务，充当信用中介与支付中介的金融机构。"杰拉德·克里根（2002）将银行界定为："具有接收公众存款和发放贷款功能的机构。"纽曼、米尔盖特和伊特韦尔（2000）在经济学权威工具书《新帕尔格雷夫货币金融大辞典》中对银行这一词条的解释是："银行是宏观经济中的核心，它们对经济的贡献被解释为充当储蓄者和投资者之间的金融中介。它们以活期和储蓄存款从居民手中吸收存款并将它们转化为真实的投资资本。"田艳芬（2008）将银行体系界定为：银行体系是指，主要从事与货币供给、货币创造相关业务的多层次金融中介机构，主要包括中央银行、商业银行、农商行及农村信用社等，其中，商业银行、农商行及农村信用社等金融机构以从事存贷款、汇兑及结算业务为主营业务。房红（2013）将银行体系分类为广义与狭义两个层次。前者指由中央银行、银行业监管管理机构、银行业自律组织及银行业各金融中介机构组成的有机整体；后者仅包括银行业金融中介机构。综上所述，本书的研究对象主要指狭义上的银行业金融机构，即主要从事与货币供给、货币创造相关业务的各层次银行金融机构。按照我国银行业监督管理委员会的划分，主要包括三大政策性银行、五大国有商业银行、十二家股份制商业银行、各城市商业银行、农村商业银行、农村信用社、农村合作银行及邮政储蓄银行等主要从事存贷款、汇兑及结算等货币供给与货币创造业务的金融中介机构。

银行脆弱性与银行业高负债经营的行业特点紧密联系，是银行不稳定的一种表现形式。明斯基（Minsky，1993）从企业角度来研究银行脆弱性，认为公司及银行在经济平稳的上升期，更多的选择较为谨慎的债务融资，即保值性融资；经济渐入繁荣，公司则倾向于投资周期长，高风险的投机性融资甚或庞兹融资，银行在乐观的心理预期下倾向于贷出款项，一旦有任何妨碍贷款资源流向生产企业的冲击，都可能带来流动性不足的问题抑或出现资不抵债，并很快蔓延至银行等金融机构，因此，金融业具有与生俱来的脆弱属性，而其中，银行体系脆弱性是其最大的组成部分。戴蒙德和戴维格（Diamond and Dybvig，1983）从储户心里预期变化视角提出经典 D—D 模型，指出银行"借短贷长"的经营模式经常使银行陷于"挤兑式"平衡，并进一步认为银行这种缺乏流动性的资产负债管理和储户对流动性需求的非确定性使其天然具有脆弱性，因此，其脆弱性的直接源泉是储户对银行的信心不足。克鲁格曼（Krugman，1998）从政府对银行的干预视角指出，政府对银行等金融机构的隐形担保及裙带资本主义，强化了道德风险及过度投资而导致的银行脆弱性。克布瑞克鲁（Kibritcioglu，2002）认为，银行脆弱性与银行过度的风险承担行为密切相关，并构建了银行体系脆弱性指数 BSF 来测量银行体系的脆弱性状况。博里奥和罗威（Borio and Lowe，2002）认为资产价格的膨胀可能带来经济中的过度投资，使银行体系变得更加脆弱，甚至引发银行危机。以斯特照德（Instefjord，2005）认为，虽然各种金融衍生产品可以有效分散银行风险，但金融创新并不会必然减少银行整体风险的暴露。而金融创新究竟是提升还是降低银行风险，依赖于金融市场的价格弹性，当该市场的价格弹性较高时，金融创新则会增加银行承担风险的冲动，从而恶化银行的脆弱状态。国内学者胡祖六（1998）提出了东亚国家不健全的银行法规、缺乏合理性的政府监管以及政府对银行商业行为的过度干涉及各种隐形或显性担保是银行体系脆弱性的主要根源。熊国兵（2004）将银行体系脆弱性解释为银行面临的高风险状态，且该状态往往发展为银行危机。宋敏（2006）认为，银行脆弱性是由其自身软资产和硬负债的结构特征决定的内在属性，这一属性在外界因素的冲击下，容易引发公众恐慌心理，恶化其脆弱性，最终导致银行挤兑的发生。康煜、凌铃和罗猛（2012）将银行脆弱性定义为根源于银行业高负债经营的特点，资产负债在期限上呈现出不匹配性，此外，还由于资金供需双方的信息不对称以及委托—代理等问题而产生的银行周期性的内在不稳定行为。

总结以上国内外的相关研究，本书认为，银行脆弱性是指由于银行机构其"借短贷长"的经营模式，资产负债在期限及流动性上均不匹配，从而使其对外界冲击（信贷周期、资产价格波动、政府监管及金融创新等）的抵抗力及清偿能力不足，金融资源配置效率低下的一种状态。

2.1.2 相关概念辨析

以下我们对几组概念进行简要辨析，分别是：银行脆弱性与银行稳定、银行脆弱性与银行风险、银行脆弱性与银行危机。

2.1.2.1 银行脆弱性与银行稳定

张旭（2004）深入研究了我国转轨时期金融深化和银行稳定的关系问题，指出银行稳定是指一个由具有充分市场竞争力和足够债务清偿力的银行组成的体系。张荣峰（2007）探讨了在开放经济下，宏观政策对银行稳定的影响，从行业角度对银行稳定做出解释，认为银行稳定即银行业整体偿付力有保证，可以有效地弱化银行业脆弱性并防范危机的产生，可以高效发挥其配置金融资源功能的一种状态。肖丽和叶蜀君（2014）认为，银行稳定是指银行业清偿能力充足，对银行内部风险具备足够的抵御能力；面临外界冲击以及危机信号的扩散，银行可以适时做出必要的调整，从而避免发生银行危机，保持其正常的经营运转状态。

以上分析表明，银行脆弱性是银行稳定的反面表现，正如万晓莉（2008）指出的银行体系稳健性同样反映了其脆弱性。事实上，银行脆弱性与银行稳定性二者呈现负向关系，即银行脆弱性越高，稳定性就越差。正是在这一意义上，本书后续分析中会采用银行稳定来表达银行脆弱性的反面。

2.1.2.2 银行脆弱性与银行风险

银行风险是指银行在经营中由于各种因素而招致经济损失的可能性，或者说是银行的资产和收入遭受潜在损失的可能性。银行主要面临的风险有：信用风险、利率风险、市场风险、操作风险、流动性风险、合规风险和汇率风险等。由此可见，风险强调的是外界因素给银行带来的潜在损失的可能性，可以通过合理的设计进行防范。而银行脆弱性是银行固有的本质属性，是不会被消除的。以上分析表明，银行脆弱性并不必然会产生银行风险，但银行风险的大小对其脆弱性有着直接的正向影响。

2.1.2.3 银行脆弱性与银行危机

刘莉亚和任若恩（2003）认为，直接对危机进行界定比较困难，主要是由于银行挤兑难以在发生之初被直接观测到，而且其一旦发生，往往意味着银行的资产已经严重恶化，而对其恶化程度的测量指标通常难以获取。并且近些年银行问题更多地表现为资产恶化，而非挤兑。因此，在实际研究中，学者们往往通过考察事件来界定危机与否。目前，比较公认的解释是昆特·德米库克和德彻杰克（Demirgüç‐Kunt and Detragiache，1998）将银行危机定义为至少满足以下四项条件之一的状况：一是银行体系的不良资产占总资产比例超过 10%；二是救援成本至少占当年 GDP 的 2%；三是银行业出现的问题导致银行大规模的被国有化；四是银行挤兑大范围发生，或者是政府为应对银行问题采取一系列的紧急措施，比如，对存款进行冻结，将银行假期延长以及提供各种担保等。

以上分析表明，银行脆弱性是诱发银行危机的一个主要内在动因，但脆弱属性并不必然会引发银行危机，它不仅需要脆弱性的不断积聚，还需要一定程度外在因素的冲击，可以说是一种数量积累到发生质变的动态发展过程。因此，可以说，危机是银行脆弱性的极端表现形式。已有的关于危机的理论大多侧重分析危机在外来冲击的影响下，其爆发过程是怎样的，而本书则更加侧重探讨了建立何种制度可以有效舒缓银行脆弱性，从而避免其引爆危机。

2.1.3 测度指标

有关金融脆弱性（包括银行脆弱性）度量指标的选择有大量文献，但至今还没有形成共识。布斯特洛（Bustelo，2000）认为，由于各个国家的异质性，很难找到一个统一的指标来衡量金融脆弱性。一些西方经济学者们认为，银行危机的爆发往往是金融脆弱性走向恶化的外在表征，因此，很多学者通过判断银行危机发生与否来度量银行脆弱性。昆特·德米库克和德彻杰克（Demirgüç‐Kunt and Detragiache，1998）提出当宏观经济疲软时，尤其经济增长率下滑与通货膨胀上升同时出现时，更容易爆发银行危机。指出只要满足四项条件中的任一——项或几项[①]，就会被认为发生银

---

① 不良资产占总资产的比例超过 10%；救援行动的成本至少是 GDP 的 2%；银行业的问题导致了大规模的银行国有化；发生广泛的银行挤兑或者采取诸如——存款冻结、延长假期、颁布存款保护法案的紧急措施。

行危机。但也有学者对此提出异议，格里克和哈芝森（Glick and Hutchison，1999）认为，通过观察银行危机的发生与否来判断银行脆弱性是非常困难的，尤其是在一些从未发生过金融危机的国家。冈萨雷斯—埃莫西约·布伦达（Brenda González – Hermosillo，1997）构建了一个从单个银行到银行体系脆弱性的衡量指标，这一指标的构建建立在以不良贷款率度量单个银行脆弱性的基础上。冈萨雷斯—埃莫西约·布伦达（Gonzalez – Hermosillo，1999）通过实证分析表明，需要同时考察两个指标——资本充足率及不良贷款率才能使骆驼评级体系（CAMEL）的估计更具有统计依据。克布瑞克鲁（Kibritcioglu，2002）设计了一种加权银行脆弱性指数来指示银行脆弱性的改变，并用 22 个国家的月度数据进行了实证检验，结果表明，该指数在测量和监控银行脆弱性状况上有良好表现。希门尼斯和洛佩兹（Jiménez and Lopez et al，2010）在研究银行业集中度与银行稳定关系时，采用了不良贷款率来衡量银行的稳定水平。贝克和昆特·德米库克等（Beck and Demirgü Kunt et al.，2010）通过设计银行稳定性指标 ZSCORE 来衡量银行脆弱性[①]。高的 ZSCORE 表示银行较稳健，即低脆弱性。国内学者伍志文（2003）借鉴西方学者在指标选择上的研究成果，同时，结合我国具体国情选择银行对私人部门贷款增长率、消费物价指数 CPI 以及城乡储蓄存款的变化率来作为核心指标测度银行脆弱性。万晓莉（2008）运用动态因子分析方法，选取存款占货币总量的比例、央行对金融机构的信贷额、银行机构真实外债的增长率、私人部门信贷真实增长率以及存贷比指标构建了金融脆弱性指数。

2.2　信贷繁荣、经济虚拟化与银行脆弱性

本节文献综述包括两部分：信贷繁荣与银行脆弱性和经济虚拟化与银行脆弱性。

2.2.1　信贷繁荣与银行脆弱性

信贷周期对银行脆弱性影响的内在机理研究始于美国著名经济学家费

---

①　$z = \dfrac{\text{roa} + \text{equity/assets}}{\text{sd(roa)}}$，其中，roa 为资产回报率，equity/assets 为资本资产比，sd(roa) 为资产回报率标准差。

雪，此后众多经济学者对这一问题进行了广泛而深刻的探讨。本书在研读国内外相关文献的基础上对其进行了梳理。在理论研究方面，米尔和西蒙斯（Mill and Simons，1948）最早从信贷活动自身的扩张性倾向角度解释了银行脆弱性。在经济上升期，银行体系普遍有扩张信贷的倾向，从而产生过度投机，伴随过度投机的持续，会在一些行业出现产品价格严重偏离的内在价值，从而产生泡沫，一旦泡沫破灭将严重打击储户对银行体系的信心，增加不确定性，甚或发生挤兑。明斯基（Minsky，1992）分析了公司及银行在经济周期中的差异化行为对银行脆弱性的影响：在经济平稳上升期，公司更多选择较为谨慎的债务融资，即保值性融资；经济渐入繁荣，公司则倾向于投资周期长，高风险的投机性融资甚或庞兹融资，银行在乐观的心理预期下倾向于贷出款项，一旦发生任何妨碍贷款资源流向生产企业的冲击，都可能带来流动性不足的问题抑或出现资不抵债的问题，并很快蔓延至银行等金融机构，使其脆弱性迅速攀升。卡亚塔克和穆尔（Kiyotaki and Moore，1995）假设贷款者只有在担保贷款时才能强制借款者归还到期债务，并构建了一个动态经济模型来研究信用额度、资产价格与银行脆弱性的关系，结果表明，资产价格的微小波动会给信贷额度带来较大冲击，从而增加银行风险，脆弱性升级。麦金农和皮尔（McKinnon and Pill，1998）建立了一个简单的费舍尔（Fisherian）模型，分析过度的国际借款效应，得出存款保障制度使银行部门形成乐观预期，银行机构则倾向于放松借款条件，而借款条件的放松势必带来过度的消费、投资及过度的借款，而这一系列变化使贷款提供部门即银行机构的脆弱性严重恶化，从而危害公众利益。克布瑞克鲁（Kibritcioglu，2002）设计了加权银行脆弱性指数，并实证检验了该指数可以很好地反映银行脆弱性状况，并进一步分析指出，信贷繁荣会导致银行产生过度乐观的预期，从而放宽或降低对贷款申请人资格条件的限制，这从客观上刺激了银行的冒险行为，加之政府的存款保证制度，必然会提升银行的道德风险问题，增加银行的脆弱性。戴尔阿里西亚和马奎兹（Dell'Ariccia and Marquez，2006）提出，当其他银行信贷标准都较低时，面临信息非对称的借款者，银行在选择策略时倾向于降低贷款标准，银行的这一反应策略成为信贷热潮提升银行脆弱性的内在机制。巴拉哈斯和戴尔阿里西亚等（Barajas and Dell Ariccia et al.，2007）指出，新兴国家大多经历了金融深化带来的信贷快速扩张期，而金融深化在推动经济增长的同时，也增加了银行危机的可能，通过构建模型，说明信贷热潮确实与银行体系的压力相关，而且表现为非线性。一般来说，快速持续的信贷增长往往与高通货膨胀率相伴而生，而较低的经济增长更有可能爆发危机，相比之下，一些外部因素，比如，实际汇率的高估对银行危机的解释力很弱。因此，可以通过监控银行行为尤其是其信贷行为及增加贸易的开放度均有助于降低银行脆弱性，防范银行危机的发生。艾克曼和霍尔丹等（Aikman and Haldane et al.，2013）指出，发达经济国家出现信贷周期的特征已经超过 100 年，平均而言，持续高涨的信贷规模占 GDP 比例与银行危机的发生高度相关。因此，可以说改变银行对未来信贷增长的预期有助于避免银行危机，减弱银行脆弱性。在实证研究方面，昆特·德米库克和德彻杰克（Demirgüç - Kunt and Detragiache，1998）研究表明，当控制住存款保证的影响后，私人信贷占 GDP 的比例、真实的私人信贷增长值及其滞后项对银行脆弱性均有显著的正向影响。蒙泰尔（Montiel，2000）首次运用门限阈值结合事件分析法研究了消费热潮，从而使门限阈值方法应用在信贷热潮研究中成为可能。特奈尔和韦斯特曼（Tornell and Westermann，2002）采用事件研究及面板回归方法考察了中等收入国家金融自由化及偶尔发生的"繁荣—萧条周期"期间，其信贷的演变特征，得出大多数的信贷热潮并不会引发金融危机，相反，还会推动经济发展。昆特·德米库克和德彻杰克（Demirgüc - Kunt and Detragiache，2005）在信号分析和多变量概率模型综述的基础上，得出信贷热潮使银行部门更脆弱，银行危机与信贷热潮显著正相关。斯哈克和昆特·德米库克等（Cihak and Demirguc - Kunt et al.，2012）提出当出现信贷繁荣时，会形成对未来收入及资产价格的乐观预期，从而加剧信贷热潮及其持续，得出新兴经济体中大约有 75% 的信贷热潮会引发银行危机。伍志文（2002）选用最小二乘法、Probit 及 Logit 三种方法实证分析了我国的银行体系脆弱性的影响因素，结果表明，贷款增长率对银行脆弱性有显著的影响。邹薇（2007）认为银行信贷的大规模扩张，增加了银行获得其相关借款人真实信息的成本，从而增加银行面临的逆向选择和道德风险，使银行脆弱性凸显。徐璐和钱雪松（2013）在构建理论模型的基础上，实证分析信贷热潮对银行脆弱性的影响，得出信贷热潮会提升银行体系的脆弱性。以上分析表明，在信贷热潮对银行脆弱性影响的理论研究上，目前基本取得共识——信贷热潮与银行脆弱性是正向关系。但实证分析的结果并不一致。而且实证分析多是借助国外的经济金融数据，针对我国经济实践的研究却相对缺乏。

2.2.2　经济虚拟化与银行脆弱性

目前，学界对虚拟经济的含义并未取得一致看法。目前，有两个比较有影响力的定义，一是成思危主张的"虚拟经济是指与虚拟资本以金融系统为主要依托的循环运动有关的经济活动，简单地说，就是直接以钱生钱的活动"。二是刘骏民的定义，即"在追求货币利润的目标下，通过单纯的'买卖''资本化'运作以及价值'炒作'等相对脱离了'物质生产过程'的价值增殖活动；当用货币衡量的财富增加时，其价格增加而其物质内容或为人们提供的实际效用不变的时候，这个增加的财富就具有虚拟性质。"广义的虚拟经济包括一切可用货币来表示其价值的领域，比如，股票市场、债券市场、期权期货市场、房地产市场、艺术品市场等；狭义的虚拟经济通常指金融和房地产市场。以上定义表明，虚拟经济其本质内容是指一种新的经济运行方式，与具体生产和服务过程直接创造 GDP 一样，虚拟经济也直接创造 GDP，正如张云（2009）所指出的，二者不同的是，虚拟经济一方面是通过资产的反复交易或者炒作来创造出大量的货币流；另一方面又运用各种金融创新来增值已创造出的货币收入，但这些不断增值的货币收入是没有实际产品与服务与之相对应的，这正是其需要引起注意的特征。近些年，伴随中国经济的高速发展，我国经济虚拟化程度不断攀升，由 1999 年的 0.92 上升到 2013 年 18.796①，因此，考察我国经济虚拟化对宏观经济稳定尤其是银行稳定的影响有很强的现实意义。

现有的经济虚拟化与银行脆弱性关系的文献基本是从理论分析的角度来探讨的。国内学者成思危（1999）从系统论角度出发，构建了虚拟经济内在不稳定—虚拟经济介稳性②—外在冲击—脆弱性上升—金融危机的内在机理，强调金融危机就是虚拟经济的崩溃。并提出经济虚拟化要经历 4 个阶段，依次为闲置货币的资本化、生息资本的社会化、有价证券的市场化、国际金融的集成化。刘骏民（1998）从宏观视角分析，将经济虚拟化过程归结为三个层次，分别为货币虚拟化、资产证券化、金融全球化。主张虚拟经济包括金融、房地产以及职业服务业。在经济虚拟化测度的指标选择上，主张采用虚拟经济交易额占 GDP 的比例，选用这一指标主要因为

---

① 资料来源：国家统计局各年统计年鉴及 ccer 数据库，在此基础上整理计算所得。
② 虚拟经济是一个介稳系统，具有耗散结构，虽远离平衡状态，但却能通过与外界进行资金的交换通过自组织作用而维持相对稳定。但其稳定性很容易被外界的微小扰动所破坏。

虚拟资产最重要的特征——重复交易，所以，选用交易额指标而不是市值更能反映经济虚拟化的程度。并进一步指出经济的虚拟化为当代世界经济埋下了金融危机的种子。刘晓欣（2005）认为，可以从两个演进过程来认识经济虚拟化的本质，即一是认识价值到价值增值的演进过程，二是价值增值到虚拟价值增值的演进过程，这两个演进过程清晰地表明，经济虚拟化是货币和价值增值虚拟化发展的必然结果。李宝伟（2009）的研究表明，虚拟资产特殊的"心理预期定价"方式导致虚拟资产价格更大的波动性，从而加大金融体系风险，甚或爆发金融危机。宗寒（2012）认为，一国虚拟经济的发展要与实体经济及其要求相适应，才能保证虚拟经济的发展是良性的，并对经济发展起到促进作用。如若不是，虚拟经济脱离实体经济要求，而只是一种追求单纯牟利的独立增值运动，必然形成泡沫，从而影响实体经济的正常发展，在一定程度上甚至引发经济危机，对金融体系造成巨大冲击，银行脆弱性也不可避免地被动提升。

以上文献为本书的研究提供了诸多有益的参考和启示。事实上，我国的金融业还未完全市场化，其个体行为尤其是信贷行为会受到各项宏观经济政策的影响而不平稳，甚至出现信贷热潮及其持续期。与此同时，我国积极推进金融业改革，各项金融创新不断涌现，经济虚拟化程度加深。在这一新的经济形势下，银行脆弱性的影响因素有哪些、它们的作用机理是什么以及如何降低银行脆弱性成为非常重要且亟须研究的问题。

2.3　资产价格波动与银行脆弱性

资产价格波动对于银行脆弱性的文献梳理分为两部分：信贷规模与资产价格波动和信贷规模、资产价格波动对银行脆弱性的影响。

2.3.1　信贷规模与资产价格波动

有关信贷规模与资产价格波动关系的理论探讨，经典理论主要有新奥地利学派的奠基者哈耶克提出的货币经济周期理论及美国新古典主义经济学家费雪提出的债务通货紧缩理论。哈耶克（Hayek，1932）的货币经济周期理论提出过低的市场利率将引发信贷规模的非理性扩张，而过多的信贷势必带来高昂的投资热情，金融市场上的资产价格泡沫则不可避免，从而加剧金融系统的不稳定。费雪（Fisher，1933）的研究指出，经济上升期引起的普遍过度负债会导致信贷规模的大量增加，这将带来一系列的潜在隐患，这些隐患会在经济下行时集中爆发，例如，债务人为偿还到期债务必须廉价销售资产，若此时中央银行不施以援助，将会引发物价及资产价格的迅速下跌，大量企业会因资不抵债等问题而破产，从而爆发金融危机。此外，艾伦和盖尔（Allen and Gale，2000）从银行部门中介人角色的视角，指出中介部门特有的委托—代理关系是造成资产价格泡沫的主要因素，并在此基础上建构了信贷规模的扩张行为导致资产价格波动的理论分析模型。国内学者针对信贷规模与资产价格关系的理论分析也进行了相关探索。袁志刚和樊潇彦（2003）在借鉴经济"理性泡沫"的相关理论基础上，构建了房地产理性泡沫的局部均衡分析框架，分析结果表明了行为人的预期、地产政策及信贷的扩张，共同推动了地产泡沫的形成极其破灭。

有关信贷规模与资产价格关系的实证研究，早期有凯瑞（Keran，1971）运用标准普尔 500 指数的季度均值数据，通过构建简单的单方程回归模型得到信贷量对股票资产价格波动影响显著的实证结论。近些年，一些学者运用 VAR 等计量方法实证分析了信贷规模与资产价格的关系。比如，陈（Chen，2001）运用我国台湾地区 1973～1992 年的两大主要资产价格——房地产和股票价格的季度数据，建立了多向量自回归（Multivariate VAR）模型进行实证分析，研究结果表明：相对利息率，信贷规模能够更有效地预测资产价格。格者普（Gerdrup，2003）考察了 19 世纪 90年代以来发生在挪威的三次重大金融危机，通过对比分析，发现尽管每次金融危机发生的具体经济环境及危机对经济各领域的破坏程度均不同，但仍存在一些共同特征，比如，危机发生前均有一定幅度的资产价格的攀升、信贷总量的大规模扩张以及生产企业负债率的提升。格雷伯和斯特兹（Greiber and Setzer，2007）通过构建向量误差修正模型（VECM）的估计模型，实证检验了欧洲及美国的资产价格波动，结果表明信贷的扩张是资产价格膨胀的重要渠道。此外，国内学者对信贷规模与资产价格之间的关系进行了颇多的实证检验。梁云芳、高铁梅和贺书平（2006）运用 HP 滤波和协整分析得出我国房地产的均衡价格，并进一步构建了变参数模型及向量自回归（VAR）模型，分析结果表明，我国信贷规模的变化对房地产的投资有较大影响。肖本华（2008）通过扩展艾伦和盖尔的资产价格泡沫模型，运用格兰杰（Granger）因果分析技术实证分析了我国 2003 年 1

月～2007 年 9 月的月度数据，结果显示，我国的信贷扩张为资产价格的膨胀提供了重要支撑。而桂荷发、邹朋飞和严武（2008）采用了 VAR 模型对信贷规模与股票市场价格的动态关系进行了实证研究，结果显示，股票市场价格的上涨会带来信贷的扩张，但是反之，信贷的扩张却不是股票市场价格上涨的原因。郭伟（2010）从资本约束视角，不仅从理论上考察了银行信贷与资产价格波动的动态关系，而且运用 2004～2007 年的年度面板数据，建立了静态及动态两个模型进行实证检验，结果表明，我国资本市场中股票价格对银行信贷的扩张有显著的正向影响。王晓明（2010）通过运用格兰杰（Granger）因果检验、VAR 模型及脉冲响应函数实证分析了我国的信贷规模与资产价格的顺周期，结论表明，信贷规模与房地产市场价格之间存在显著的双向因果关系，但信贷规模与股票市场价格之间并不存在因果关系。方意、赵胜民和谢晓闻（2012）通过运用"有向无环图"及 VAR 模型分析了金融信贷与资产价格波动的同期因果关系，结果表明，金融信贷扩张对股票价格影响较大，而对房地产价格的影响相对有限。马亚明和邵士妍（2012）在梳理信贷扩张、资产价格波动与银行稳定相关文献的基础上，构建了误差修正模型从理论及实证上来分析检验三者的关系，结果表明，从短期来看，股票价格与信贷扩张呈正向相关，而且信贷扩张会引起股票价格更大幅度的上涨。而长期来看，这种互相影响的关系并不显著，但对股市进行宏观调控时，为达到政策预期效果，我们不得不充分考虑到银行信贷的影响。

2.3.2　信贷规模、资产价格波动对银行脆弱性影响

进一步梳理信贷规模、资产价格波动对金融脆弱性影响的相关文献。理论研究方面，伯南克和罗尼等（Bernanke and Lown et al. ，1991）认为，由于信用市场存在不可避免的摩擦，作为资金需求者的企业，其借贷行为需借助资产抵押来实现。当资产价格出现下跌时，通过抵押资产市场价值的改变，会显著影响银行借贷扩张的能力，甚至发生信用紧缩，这主要是因为资产价格的下降使银行的贷款损失不断积聚，一旦这一损失危及银行的权益资本，在政府监管的压力下，银行被迫卖出资产，这样会弱化其贷款的供给能力，使其信用不得不随之收缩；而借款企业在资产市场价值上升阶段产生的过高负债，使银行资产的风险被迫增加，银行体系脆弱性恶化，一旦资产市场价值反转向下，会弱化企业取得信贷资金的能力，从而

从源头上减弱银行的信贷扩张。由此可见，信贷扩张、资产价格波动与银行脆弱性三者之间存在内在的自循环影响机制。戴尔阿里西亚和马奎兹（Dell'Ariccia and Marquez，2006）提出，当其他银行信贷标准都较低时，面临信息非对称的借款者，银行在选择策略时倾向于降低贷款标准，银行的这一反应策略成为信贷热潮提升银行脆弱性的内在机制。在实证研究方面，博里奥和罗威（Borio and Lowe，2002）通过实证分析，发现信贷规模与资产价格的膨胀存在双向促进作用，随着时间的推移可能带来经济中的过度投资，甚至引发银行危机。皮舜（2004）采用我国 1997～2003 年的房地产市场和金融市场的月度数据，构建了两个市场相互作用的误差修正模型（ECM），分析结果显示，我国房地产市场与金融市场存在长期和短期的双向线性因果关系，二者具有一定的共生性。马勇、杨栋和陈雨露（2009）采用 66 个国家的数据进行了实证分析，结果显示，资产价格周期、信贷周期及金融的监管周期是金融不稳定中的基本机制。孔庆龙（2010）重点考察了资产价格波动对银行脆弱性产生影响的内在机理，指出由于股市与银行信贷在资金上的联通，从而使得股市泡沫必然引发银行信贷膨胀，然而泡沫本身是不可持续的，因此，泡沫的必然破灭就意味着银行信贷的异常波动不可避免，从而加剧了银行体系的脆弱性。谭政勋和侯喆（2011）认为，银行不稳定（脆弱性）的内生理论其核心就是资产价格的波动，正如明斯基（Minsky，1982）"金融脆弱论"所强调的正是资产价格的波动对金融脆弱性的内生影响，即资产价格的下降强化了金融市场不确定性及通货紧缩心里预期的形成，从而加速了金融体系的不稳定，使得银行体系更加脆弱。这使人们意识到：资本主义经济的自然发展本身就蕴含着金融不稳定的因子，资产价格及现金流的正常波动最终会对经济产生影响，从而使得经济更加脆弱化。这一影响的重要渠道之一就是资产的价格波动—抵押物价值变动—银行信贷渠道受损—内生金融脆弱。

总结国内外关于信贷规模、资产价格波动与金融脆弱性关系的研究文献，我们发现，在相关的实证分析中，大多数学者采用 Granger 因果分析和预测方差分解方法等来分析三者之间的因果关系及对脉冲的响应函数。但事实上，这些方法都有一定的使用局限。首先，古吉拉特（Gujarati，2003）指出，Granger 因果分析的结果依赖于对滞后期的选择，选择不同的滞后期会有不同的分析结论，而且不能给出同期变量之间的因果关系。更为重要的是，西蒙斯（Sims，1972）、阿卜杜拉和兰加萨斯（Abdullah and Rangazas，1988）指出 Granger 因果分析并不具备我们作分析时更加关注的经济意义上的显著性，而是仅考虑其统计意义上的显著性。因此，仅仅用 Granger 因果分析来检验信贷规模、资产价格波动与银行脆弱性三者的关系是非常不充分的。方差分解技术则更多地考虑了变量关系在经济意义上的显著性，但库利和勒罗伊（Cooley and LeRoy，1985）、斯旺森和格兰杰（Swanson and Granger，1997）提出有效地进行方差分解的前提是正确设定扰动项间的同期因果关系。目前，大多数选择 VAR 方法进行研究的文献中，往往采用 Cholesky 分解技术得到正交的误差项，但该方法依赖于变量排序，变量排列顺序的改变将会影响到脉冲的响应函数。这一问题佩沙兰（Pesaran，1998）也同样提到。此外，伯南克（Bernanke，1986）提出 Bnanker 分解方法，但斯旺森和格兰杰（Swanson and Granger，1997）指出该方法依然需要借助于相关理论及必要的先验信息，仍然无法克服主观判断的缺陷。为有效地解决以上问题，皮埃尔（Pearl，1995）、斯珀莱特和葛莱默尔等（Spirtes and Glymour et al.，2000）提出有向无环图（DAG）的分析方法。该方法无需添加任何先验信息或假设条件，仅仅通过分析扰动项的方差协方差矩阵，即可有效识别扰动项的同期因果关系，从而能够客观地确定扰动项的具体结构形式，避免缺乏依据的主观判断。目前这一方法被国内外学者越来越多地运用到经济领域的各项研究中。如贝斯勒和杨（Bessler and Yang，2003）；阿沃克（Awokuse，2005）；杨坚和郭辉等（Yang and Guo et al.，2006）；吴文锋和靳莹（2008）；杨子晖（2008）；周泳宏和邓卫广（2010）；格雷伯和斯特兹（Greiber and Setzer，2007）的研究，都取得了良好的效果。

2.4 金融创新、资本监管与银行脆弱性

本节综述了目前国际金融领域创新蓬勃推进和资本监管对银行脆弱性的影响。

2.4.1 资本监管与银行脆弱性

资本充足率可以综合反映银行的市场风险及信贷风险，因此，一直是银行机构资本监管的核心指标。但是，已有关于资本监管对银行稳定性影响的研究文献中，国内外学者、经济学家无论在理论分析还是实证研究中

均未取得一致结论。

在理论研究方面：弗隆和基利（Furlong and Keeley，1989）的"在险资本效应假说"的理论主张高的资本监管将使银行自有资本承担损失，因此，资本监管水平的提高会迫使银行的投资决策更加谨慎，从而有效降低银行风险。而卡哈尼（Kahane，1977）及金和圣多马罗（Kim and Santomero，1988）以"预期收入理论假说"为基础的理论分析认为，提高资本充足率的监管要求会同时降低银行的预期收入，为了弥补预期收入下降，银行倾向于提高高风险的资产占比，因此，高资本充足率，会增加银行风险，降低银行稳健性。

实证研究方面：基利和弗隆（Keeley and Furlong，1990）构建期权模型进行实证分析，结果表明，银行自有资本占比的提高会削弱存款保证期权的价值，逼迫银行面临冲击时，自有资本不得不承担损失，而理性的银行个体在面临资产选择时将不得不更加谨慎，以降低银行资产的风险，维持银行的稳健性。巴特和卡普里奥等（Barth and Caprio Jr et al.，2004）通过对107个国家的3000多家银行的具体数据分析了资本监管对银行经营绩效及脆弱性的影响，分析结果显示，严格的资本监管与银行经营绩效之间不存在显著的负相关关系，但资本监管与银行的不良贷款之间存在显著的负相关关系，可以有效提升银行经营的稳健性。瑞普勒（Repullo，2004）通过构建银行业不完全竞争的动态模型，研究了资本金要求、存款利率和银行风险之间的关系，结果证明，对资本金的监管总是能够有效地实现银行风险转移的激励机制。珀西若斯和塔纳等（Pasiouras and Tanna et al.，2009）运用随机的前沿分析方法，实证分析了74个国家的615家商业银行2000~2004年的2853个观察值，结果表明，较高的资本充足要求，将会降低银行成本控制效率，但会提升商业银行的盈利效率。国内学者于立勇和曹凤岐（2004）以M－M理论为基础，认为资本充足要求会迫使银行以自身资产承担损失，从而使得商业银行风险意识得到强化，有效抑制银行资产的盲目扩张，维持银行的稳定。黄宪、马理和代军勋（2005）构建单期模型，得出高资本充足率要求对银行风险偏好有负向影响，因此，资本充足监管能够降低银行对风险水平的选择。钟永红（2014）运用我国15家主要商业银行2005~2012年核心资本充足率及相关变量数据构建动态模型，分析结果证明在新《商业银行资本管理办法》中，更高的资本监管对银行的资产规模扩张速度及规模有一定的影响，而且银行更加注重资产结构调整，高风险资产占比开始下降。然而，也有学者得出相反的研究结论。科恩和圣多马罗（Koehn and Santomero, 1980）构建了资产组合模型，研究资本监管与银行稳定之间的关系，分析结论证明，增加资本要求会同时降低银行的期望收入，迫使银行在资产组合中增加高风险的资产占比，以期弥补收入的下降，最终导致高的资本充足率不但不能减少银行的资产风险，反而使银行风险增加，银行稳定受到影响。贝萨库和卡纳塔斯（Besanko and Kanatas, 1996）关注到当银行外部投资人与内部人之间存在委托—代理问题时，资本监管与银行安全的问题，分析结果表明，资本充足率的监管要求并不能够起到降低银行风险的作用。百隆（Blum, 1999）在动态分析框架下，探讨了资本监管与银行风险的关系，得出当股权筹资成本过高时，增加资本唯一的可能性就是增加风险，此时为满足资本充足率的监管要求，银行倾向于从事高风险投资以增加当期收入，从而使得资本监管非但不能提升商业银行效率，而且还将增加银行资本风险。吴俊、康继军和张宗益（2008）探讨了我国商业银行的资本与风险行为，结果证明，银行的资本与风险变动之间存在显著正相关，当银行提高资本占比时，会同时提升高风险资产占比，因此，仅仅通过提高资本充足率的监管措施并不能起到完全降低银行资产风险的作用。杨熠和林仁文（2013）构建了银行股票的超额收益率模型实证分析了资本充足率与银行风险之间的关系，结果显示，当利率上升会使银行收益增加时，资本充足率的提高可能会增加银行的风险。因此，若仅追求过高的资本充足率，反而会增加银行风险，从而降低银行业的稳定性。

此外，关于资本监管对银行稳定性影响的文献中还存在中间观点。雅克和尼格罗（Jacques and Nigro, 1997）通过运用 3SLS 模型，实证分析了银行风险、资本充足监管、证券投资组合风险之间的关系。实证结果显示，在资本充足的银行中，资本充足标准的提升对银行风险有显著的负向影响，而在资本不足的银行中，二者之间几乎不存在这种负向关系。雷文和莱尼（Laeven and Levine, 2009）通过实证分析，发现资本监管与银行业稳定之间的关系依赖于银行自身股权结构的安排。在不同股权结构安排下，资本充足率与银行稳定之间呈现或正向或负向的关系。方意、赵胜民和谢晓闻（2012）在借鉴德尼科洛和戴尔阿里西亚等（De Nicoló and Dell Ariccia et al., 2010）模型的基础上，运用我国 72 家银行的 2003~2010 年的数据构建动态面板模型，实证分析了我国的银行风险承担。结果表明，资本充足率对银行的风险转嫁效应影响呈现非线性特征。

总结国内外关于资本监管与银行稳定的研究文献，我们发现，在相关的理论及实证分析中，学者们均未得出一致结论。部分学者主张资本监管与银行稳定存在正向关系，也有学者认为两者之间是负向关系，还有一些学者主张两者关系依赖于其他条件，如银行的股权结构。进一步分析，学者们的研究基本都是在线性分析框架下展开的，对两者之间非线性的分析较少，尤其是关于我国商业银行的研究，对资本监管与银行稳定的非线性关系的探讨尚未深入展开。本书将着重探讨我国商业银行资本监管与银行稳定的关系是线性的还是非线性的。此外，本书还将我国商业银行分为上市银行和非上市银行，考察资本监管与银行稳定的关系是否会因银行上市与否而存在差异。

2.4.2 金融创新与银行稳定

自 20 世纪六七十年代以来，国际金融领域发生了一系列引人注目的改变，特别是金融自由化趋势和金融创新实践的蓬勃推进。到了八九十年代，伴随全球经济一体化及科学技术的迅猛发展，金融创新俨然发展为全球性的强大浪潮，不仅成为推动金融发展与变革的重要力量，也是推动各国经济发展不可缺少的要素之一，尤其是美、英等发达国家。比如，美国，伴随其金融创新的纵深发展，美国不仅成为当之无愧的国际金融行业发展的领头羊及方向标，而且也已是目前全世界的头号经济强国，因此，可以说美国完善的金融市场及成熟的金融体系恰恰体现了金融创新为各国金融业自身及经济增长带来的无可替代的推动力。与经济实践相符，这一时期经济学者的理论研究视角也大多是关注金融创新对经济发展及金融稳定的积极作用的，认为资产证券化等金融创新不仅能够降低金融风险，回避政府监管，而且还有利于银行等金融机构的优化成本管理，提高资产的流动性及盈利能力。然而 2007 年美国发生的次贷危机，在世界范围内不断蔓延与升级，成为自 20 世纪 30 年代经济大萧条以来破坏力最强、持续时间最长的全球经济危机。本次危机与以往危机相比其主要特征是先发生金融危机，后蔓延为经济危机，因此，推动金融业发展壮大的金融创新，将很难不被与这场危机联系起来。这使人们对金融创新促进金融稳定的传统理论观点产生质疑：传统理论片面地强调金融创新对金融稳定的积极作用，而未对金融创新对金融稳定的不利冲击给予足够的重视，金融创新在规避风险的同时是不是也蕴含着金融不稳定因素的生成，我们应该如何看待金融创新对金融稳定的影响，尤其是对银行稳定的影响，对这些问题的深入研究是艰巨而又十分必要的。事实上，学者石睿（2011）就金融创新与金融稳定进行了理论分析，结果表明，金融创新使系统风险累积和升级，这将直接危及金融机构与金融市场的稳定性，并认为本次源于美国次贷风波的危机是对金融创新过度的一次大清算，主张金融创新是一把双刃剑，它既可以制造金融繁荣，也可以带来金融危机。因此，对金融创新与金融稳定关系的判断已经不是简单的二元论断，它是动态变化的辩证关系，我们应该积极引导金融创新对金融稳定的促进作用，同时，也要关注其对金融稳定的冲击，这样的共识是非常必要的。我们要认识金融创新与金融稳定，尤其是与银行稳定的动态变化关系，必须首先对相关文献进行梳理，这是我们进行后续分析的基础。

关于金融创新与金融稳定，尤其是银行稳定的关系，传统观点认为金融创新能够降低金融风险，回避政府监管，而且有利于银行等金融机构优化成本管理，提高资产的流动性及盈利能力，因此，金融创新对银行稳定有促进作用。持有这种观点的研究主要有：尼汉斯（Niehans，1983）将交易成本理论运用于金融领域，认为先进技术的应用会使交易成本大幅度下降，而交易成本的下降通过改变微观个体对需求的预期，使货币需求高级化发展，从而使新的交易技术、金融工具等的创新成为可能。霍恩（Horne，1985）从金融、历史、法律以及产业组织等多角度考察了金融创新及其具体过程，并尝试对金融创新的影响作了探讨，结果表明，金融创新是在非完全竞争的市场中存在的，它可以在一定程度上减少交易成本、搜寻成本和市场成本，并具有分散金融风险的功能，这与默顿（Merton，1992）的研究结论是一致的，在此基础上，默顿进一步认为金融体系正是通过金融创新成为促进经济发展的发动机。国际清算银行（BIS，1986）从金融创新所执行功能的角度来认识金融创新，他们认为金融创新能够将价格和信贷风险转移，提升资产流动性，并可通过信贷和股权途径为企业提供资金支持，从另外一个角度看，这些功能的发挥对银行稳定有积极作用。米勒（Miller，1986）的研究认为，金融业的创新有助于实现金融整体的稳定性，而且在一些冲击下，一旦发生金融动荡，也需要借助金融创新来平息。格林鲍姆和萨克（Greenbaum and Thakor，1987）认为，在信息非对称且无政府干预时，资产证券化等金融创新更容易出现，金融创新，如资产证券化的出现将会使积聚在银行机构的风险分散到各个投资者身上，从而有效降低银行资产负债表的风险，对其稳定性提供保障。达菲和加里奴（Duffie and Garleanu，2001）认为，银行资产流动性差是其不稳定的主要原因之一，而证券化可以实现将资产出售，增强流动性，从而免于发生流动性危机，正是在这个意义上，他们提出金融创新对银行稳定有正向促进作用。德马索（DeMarzo，2005）考察了信息非对称下的资产证券化过程，认为将资产池的资产按照其信用等级的高低归结为不同类别的结构性产品，可以有效地降低信息不对称程度，从而提升银行机构及金融市场的流动性。以上分析显示，主张金融创新对银行稳定有促进作用的观点，均集中在 2007 年美国次贷危机发生前，其研究大多集中在金融创新对金融机构的金融风险的转移和分散、交易成本的降低、资产流动性的增强、信息不对称的改善以及盈利能力的提高等微观视角上，对金融创新对银行稳定可能蕴含的负向影响基本未予提及，显然这与经济发展阶段是相关的。

伴随着美国 2007 年次贷风波的不断升级，一些学者开始关注到金融创新对银行稳定蕴含的负面影响，研究视角也从传统的微观视角拓展到宏观视角。这些研究主要有明斯基（Minsky，1992）的研究中就曾触及金融创新对金融稳定的影响，他认为金融创新的过度发展会信用异常扩张，从而对整个金融体系的稳定产生冲击，甚至可能演变为金融体系的一场灾难。但由于当时金融自由化浪潮的盛行，明斯基的这一观点并未吸引足够的追随者关注。詹森和马西森等（Jansen and Mathieson et al.，1998）重点考察了 1997 年的东南亚金融危机，认为金融创新是此次危机中不可或缺的重要因素，对金融体系的稳定带来严重的破坏。伊特韦尔·约翰和泰勒·艾斯（2001）认为，金融创新提高了金融机构及整个金融市场的杠杆率，高的杠杆率带来信用及交易的大规模增长，这会使市场参与者提高对风险的警惕性，从而市场流动性需求增加，对银行稳定产生一定程度的威胁。图法诺（Tufano，2003）认为米勒的研究结果，即金融业的创新有助于实现金融整体的稳定性可能过于片面，而金融创新对金融稳定的宏观影响则未给予以考虑。这一现状使得 1997 年源于泰铢贬值的东南亚金融危机和 2007 年源于次贷风波的经济危机发生时，学术界均难以给出相应的理论指导及政策建议。因此，迫使经济学家转而关注金融创新对金融稳定可能带来的冲击。以斯特照德（Instefjord，2005）假设资本结构调整成本高昂，通过构建模型来研究实现银行最优风险水平的资产配置，从而实现银行稳定。结果表明，虽然各种金融衍生产品可以有效分散银行风险，但金融创新并不必然会减少银行整体风险的暴露。而金融创新究竟是提升还是降低银行风险，依赖于金融市场的价格弹性，当该市场的价格弹性较高时，金融创新则会增加银行承担风险的冲动，从而冲击银行的稳定。戴南和埃尔门多夫等（Dynan and Elmendorf et al. , 2006）同以往从温和经济冲击，合理的库存管理及有效货币政策角度来研究金融和宏观经济稳定的不同，他们从金融创新的视角展开研究，结果显示，金融创新无论在经济上升期还是衰退期，都放大了金融市场和宏观经济（包括产出、收入、消费及投资）的波动幅度，从而形成了经济上升期的全面繁荣及经济衰退期的过度疲软，使得金融脆弱性在经济恶化期间凸显，破坏力增强，因此，金融创新对金融稳定的影响不是静态不变的，而是动态变化的。金德尔伯格、朱隽和叶翔（2007）认为过度使用金融创新，会引起金融资产交易的异常扩张，诱发金融安全问题。莱因哈特和罗格夫（Reinhart and Rogoff, 2008）采用历史对比分析方法研究了美国的次贷危机，结果表明，尽管每一次金融稳定性的破坏都有不同的原因，但也有很多相似的因素，比如，大幅上涨的资产价格、巨额债务的积累、快速的增长模式以及经常账户不断增加的赤字等，而此次美国爆发的次贷危机，其特征在于金融创新将金融系统的风险通过抵押贷款和资产的 N 次证券化传染给宏观经济的各领域，使金融不稳定危及经济运行。普洛瑟（Plosser, 2009）认为，在金融市场创新和发展的热潮中，无疑提高了资金配置效率，降低资金成本，并促进全球经济增长。然而，并不是所有的创新都是成功的。在消费品和服务，或工业品市场，一些新产品会失败，无法按照预期履行或出现无法预见的不良后果，影响到金融市场的稳定。就需要当局政府制定切实可行的政策，以预防或者减少金融创新可能给金融机构带来的负面影响。为使政策产生预期效果，政府应遵循明确的事前指导方针相一致的系统行事方式，做出可信承诺。马达洛尼和佩卓（Maddaloni and Peydró, 2011）分析了美国 2007 年金融危机爆发及不断升级的根源，认为较低的短期利率使企业及居民的贷款标准发生软化，随着低利率的持续，借贷标准的软化会更进一步发展，这意味着银行贷款的风险增加，而且证券化等金融创新活动将银行贷款的杠杆率提升，将直接放大低利率对银行风险行为的刺激，助长风险在金融市场中的传染效应，使银行稳定性受到威胁。真纳约利和施莱弗等（Gennaioli and Shleifer et al. , 2012）借鉴艾伦和盖尔（Allen and Gale, 1994）的模型假设，即创新是由投资者对特定现金流模式的内在需求驱动，并在此基础上增加了两个新假设：一是假设投资者和金融机构不会参与很难进行风险交易的新证券，这是符合作者采用的历史分析法的；二是做了期限偏好假设：投资者有很强的偏爱安全现金流模式，即无限厌恶风险。分析结果显示，金融创新为投资者拥有充足现金流提供机会，但当投资者意识到这些新的证券难以代替传统流动性时，他们会进行抛售，证券机构不得不买入，但他们的总财富却远远小于投资者持有的证券资产，从而新的证券市场开始变得脆弱。可以说，该模型提供了一种新的基本模式来分析金融创新和金融不稳定，其最重要的贡献就是将金融创新、新证券的过剩、出人意料的风险以及相应的金融不稳定通过一个统一的模式联结起来。阿查里雅和施纳布尔等（Acharya and Schnabl et al.，2013）重点考察了美国2007～2009年资产支持商业票据（ABCP）市场，结果显示，资产支持商业票据市场并未吸收次贷危机的大部分损失，反而是商业银行成为此次危机最大的受害者，因为ABCP市场投资者的担保绝大部分由商业银行来提供，即商业银行负有偿还到期债务的职责。因此，资产证券化等金融创新并未将风险由银行机构转移给投资者，而是恶化了银行的不稳定性。布鲁纳梅尔和桑尼科夫（Brunnermeier and Sannikov，2014）突破稳态的局部效应，考察了内含金融摩擦的经济动态平衡过程，由于存在非线性的扩张效应（小幅冲击经济仍可在其稳定状态附近运行，而较大冲击将使经济陷入流动性不足的螺旋上升中，经济将远离其稳态，陷入经济危机的险境），经济运行更容易出现不稳定，抑或陷入危机的困扰。即使外在风险水平较低，由资产流动性的不足而驱动的内生风险，由于不利的反馈回路，使经济显著的偏离其稳定状态。因此，资产证券化及信用衍生品等金融创新在改善银行风险分担的同时也提高了其杠杆率，而杠杆率的提高会使银行稳定走向恶化，拉近与金融危机的距离。国内学者陈子季（2000）从宏观视角考察了金融创新的效应，指出金融创新可以有效降低金融体系的市场风险，但却也增加了金融体系的信用风险，因此，很难说金融创新对银行稳定是抑制还是促进作用，要看二者的综合效应。宣昌能和王信（2009）从资产证券化模式视角深入研究了金融创新和银行稳定的关系，认为美国的"发起—配售"模式造成过度的资产证券表外化扩展，使得监管难度加大，金融机构杠杆率大幅提升，风险不断积聚，最终发酵成金融危机；而欧洲国家的资产证券化多数采取表内化发展，有利于维持银行稳定。这对我国未来的金融创新有很好的借鉴作用。

2.5　金融危机的防范与救助

银行脆弱性受到持续关注的重要原因是对金融危机的触发，因此，本节对金融危机的事前防范和事后救助进行了文献梳理。

2.5.1 金融危机的防范

现有关于金融危机防范的研究主要从以下几方面展开：一是宏观经济波动；二是外汇储备充足与否，对外汇储备与金融危机关系的关注主要来源于1997年爆发于泰国的亚洲金融危机；三是金融（银行）体系脆弱性水平状况；四是对金融机构及金融市场的监管。

弗兰克尔和罗斯（Frankel and Rose，1996）通过考察1971～1992年的100多个发展中国家的面板数据，重点研究了金融危机的一种典型形式货币危机，认为货币危机其实质是汇率的大幅度贬值，至少贬值25%，且同时满足较上年同期至少增加10%。他们构建了多元Logistic模型，得出结论：产出的增长、国内信贷变化率、国外利率以及外商直接投资FDI占比是预测金融危机的显著因素。因此，对金融危机的防范需要密切关注宏观经济运行的相关指标。昆特·德米库克和德彻杰克（Demirgüç - Kunt and Detragiache，1998）采用1980～1994年的发达国家与发展中国家的多国数据，通过构建多元Logit模型来预测金融危机，结果显示，当一国的宏观经济中，通货膨胀率高企而同时经济增长率又低位运行时较易发生金融危机，因此，应保持经济平稳发展以降低金融危机的发生。库马尔和莫斯等（Kumar and Moorthy et al.，2003）运用离散选择Logit模型来确定能够预测金融危机的因素，结果表明，宏观经济指标能够正确预测金融危机的发生概率，这一结论不仅在样本内的区间成立，在样本外的预测中同样是成立的。门多萨（Mendoza，2010）对比分析了1982～2004年的51个发展中国家的经济运行指标在亚洲金融危机前后的不同，并运用以上数据构建面板模型进行实证检验，结果显示，外汇储备水平不足与金融危机有显著的正相关关系，因此，充足的外汇储备水平，对金融危机的防范起到正向作用。李东荣（2003）重点关注了新兴经济体的金融危机，由于新兴市场大多实施开放的基本政策，且主张金融自由化，支持金融创新，因而这些经济体往往出现国际资本流动的频繁波动，加之其国内经济体制及金融部门对风险控制的有限能力，使得其金融体系脆弱性不断积聚而得不到很好的缓解，因此，更容易爆发金融危机。龙云安（2013）认为，目前世界各国金融市场所采取的金融创新产品多层次销售模式，比如，美国的"发起—配售"模式，使得金融机构的大量资产表外化，实际由非银行金融机构持有，这些表外资产在整个金融体系内不断传导，链条延长，从而使其面临的风险加大且难以预测，这些势必提升银行体系脆弱性水平，如果再对其监管水平有限甚至缺位，则必然引发金融危机。

在金融危机的预警模型研究中，卡明斯基和力则都等（Kaminsky and Lizondo et al.，1998）提出的 KLR 信号分析模型；弗兰克尔和罗斯（Frankel and Rose，1996）建立的 FR 模型；萨克斯和特奈尔等（Sachs and Tornell et al.，1996）创立的 STV 截面回归危机预警模型均为经典预警模型，每个模型均有优势与不足。比如，KLR 信号分析模型由于其选择指标覆盖面广泛，因此，往往可以准确判断出引发危机的根源所在，但其将各指标自身作为一个整体来处理，而忽略各个指标之间的相互影响，因此，预警准确度不高，比如，郭莹莹（2013）就曾指出 KLR 信号分析模型对东南亚金融危机的预警效果不理想。FR 模型虽然可以直接得出金融危机爆发的概率大小，但无法导出各指标对金融危机的贡献系数。STV 截面回归危机预警模型充分考虑了国别差异，但其实更侧重分析了金融危机的影响因素及其作用机制，探讨了危机的传染渠道，对危机何时爆发并不能做出预测。

2.5.2 金融危机的政府救助

本书从金融危机中是否需要政府救助和具体的救助措施两方面来梳理金融危机期间的救助行为。

2.5.2.1 对于金融危机政府是否需要救助

已有研究中关于政府是否应该对金融危机进行救助主要有赞成与反对两种观点。持有赞成观点的理论渊源是凯恩斯学派的政府干预主义，而反对救助的理论渊源则是古典主义学派"看不见的手"的市场自由主义。

伯南克（Bernanke，1983）对美国20世纪30年代的大萧条及80年代的金融危机进行了细致的探讨，认为在金融危机时期，储户对银行等金融机构信心不足导致银行信贷的中介成本大幅提升，加之危机期间大量企业破产，丧失偿还到期债务的能力，信贷紧缩会不期而至，这些将严重危害总产出，因此，主张危机期间，政府应该对银行等金融机构施以救助，以降低危机对总产出的冲击；同时，在美国对2007年次贷危机的政府救助过程中，又亲自参与了各项政府救助措施的制定与决策，因此，可以说伯南克是赞成政府救助危机的理论学者与实践践行者。戴蒙德和拉詹（Diamond and Rajan，2005）认为在金融危机期间，一旦出现银行倒闭的现象，会使社会公众的恐慌心理迅速蔓延，尤其是当银行出现流动性危机时，当众多银行不得不对资产采取抛售行为时，资产价格的下跌速度是难以预料的，甚至是灾难性的，这会进一步强化银行的流动性不足。如果此时政府仍然充当守夜人，未施以救助，资产价格的下跌将难以制止，直至跌入谷底，流动性危机全面爆发，因此，当众多银行面临流动性严重短缺时，政府应采取必要的救助，以防止流动性危机的全面爆发。罗歇和梯若尔（Rochet and Tirole，1996）认为，系统性风险是指单个代理人的经济下降通过金融业务往来向其他代理个体的传播。金融机构之间相互的关联性很高，通过同业市场业务往来频繁，系统性风险传播速度更快，一家重要银行出现经营难以为继的问题，会很快在同业机构之间进行传播，具有极强的传染性，引发多米诺骨牌反应，迫使更多银行机构倒闭，因此，政府需要在系统性风险萌发初期对其进行必要的干预，以降低金融机构之间极强的传染性带来的多米诺骨牌效应。明斯基（1982）指出金融业高负债经营的行业特征使得其拥有与生俱来的脆弱性属性，谷小青（2004）指出在储户与银行对银行资产负债的信息不对称的冲击下，极易引发道德风险与逆向选择，从而加剧银行的脆弱性，引发金融危机。因此，需要政府的适时干预。以上文献表明，支持政府对金融危机进行救助的观点大致从以下几个视角来展开：一是金融危机会对宏观经济造成严重破坏，极大地影响产出；二是在金融危机期间，流动性不足是银行等金融机构面临的最大威胁，而快速充分地解决这一最大威胁的方法是需要政府干预的；三是金融机构间业务往来频繁，一旦出现系统性风险，其传播速度快，传染效应强；四是金融机构及金融体系本身具有内在脆弱性，为防止脆弱性水平不断提升引发金融危机，需要政府的相关干预，比如，采取阻碍脆弱性水平恶化的制度安排。

艾森蔓（Aizenman，2009）认为在危机期间，政府对金融机构的救助会引发道德风险，从而增加金融机构的冒险行为，因此，他更主张对危机的事前防范而不是事后救助。芝加哥学派的戴维和德罗萨（2008）通过对历次金融危机的分析，认为危机期间政府真正能做的就是什么都不做，政府对危机的救助违背了市场至上的原则。之所以会在历次危机中，均有政府救助的身影，是因为人们对经济低迷过低的承受力及对政府救助危机效果产生过高的心理预期。王连军（2011）构建了动态面板 GMM 模型来分析危机期间政府对经济的干预效应，认为政府对市场的干预，比如，隐形担保等会使银行等金融机构的道德风险增加，造成对资产的不合理运用，使得其脆弱性累积，危机进一步发展的潜在威胁增大。当然，古典学派的很多代表性学者，比如，亚当·斯密，萨伊等均信奉至高无上的市场配置资源的方式，政府要做的仅仅是扮演好守夜人的角色，而不是去干预经济任何方面的运行周期。

2.5.2.2 政府救助的具体措施

已有关于金融危机的政府救助文献可以说是汗牛充栋，结合本书研究的主要内容，作者将这些文献进行了分类整理，以 2007 年美国次贷危机为分界线，之前的统称为历次金融危机。

在历次金融危机中，关于政府救助的具体措施，有大量学者进行了相关研究。弗里德曼和施瓦茨（1963）也认为由于美联储错误的货币政策使得一个正常的经济收缩周期演化成了一场经济大灾难。到了大萧条后期的 1933 年，罗斯福政府才开始对危机实施救助，并颁布了法律及制度上改革，比如，《紧急银行法》《存款保险法》的相继实施、减税的财政政策、扩张的货币政策及对原金融体系的改革，如金融重建公司的设立。库特纳和波森（Kuttner and Posen，2001）研究了 20 世纪 90 年代日本对由金融资产泡沫破裂引发危机的救助，认为日本采取的低利率的货币扩张政策并未产生刺激产出的预期效果。这主要是由于其扩张力度不足，同时也未结合更有效的财政政策。虽然政府对金融体系也提供了 5200 亿美元的注资援助，也实施了《金融再生法》《金融健全化法案》，但却并未挽回银行不断破产清算的局面，主要是由于救助行为过于迟缓，错过了救助最佳时期。2007 的次贷危机的救助，冈萨雷斯—帕拉莫（Gonzalez - Paramo，2009）探讨了美国次贷危机的政府救助，提出政府主要的四大救助政策按照顺序的优先是：流动性政策、财政与货币政策并举，最后是对金融体系的优化改革。这些政策在本次金融危机中，美国政府均有实施。康格尔顿（Congleton，2009）回顾了美国次贷危机爆发的原因，以及在危机期间，美国政府采取的救助政策，如实施了抵押贷款保险、美联储与财政部等多部门联合实施扩张货币政策及财政政策，成立专门的住房金融机构、创新了一系列金融工具，如定期拍卖工具 TAF、定期证券借贷工具 TSLF 以及定期资产支持证券贷款工具 TALF 等。希勒（Shiller，2008）探讨了美国次贷危机的起因，及政府救助的政策措施，认为在危机期间，政府应积极地进行干预，为重建大众对经济及金融机构的信心提供所需条件，政府救助的重点对象应该是次贷中受损严重的低收入者，此外，还需要对金融体系进行全面地修正，如畅通融资信息、为资产提供担保等。赵高翔（2009）回顾了历次金融危机的救助实践，以比较分析的形式将金融危机救助的时间序列及截面比较清晰地呈现出来，并对本次美国次贷危机的政府救助进行了全面评价，认为各种创新手段和工具的运用成功地为市场注入流动性，防止金融机构的多米诺骨牌效应的破产，从而使金融体系运行逐渐恢复，这是宏观经济恢复的重要前提。刘骏民和宛敏华（2009）研究了引发金融危机的呆坏账的中国处理方式，即对呆坏账进行剥离，直接改善金融机构的资产负债表，同时，以国家信用支持银行信用的发展模式避免了公众信心的坍塌，从而使中国免于遭受类似本次次贷危机的冲击。

2.5.3 需要进一步研究的问题

以上诸多文献为本书的进一步研究提供了有益参考，在此基础上，本书试图将商业银行固有的脆弱性与金融危机爆发结合在一起并进行研究，以深入分析从银行脆弱性到金融危机的触发条件。本书通过中美比较分析，即银行凸显的脆弱性是否引发了金融危机在两国有迥然不同的结局：在美国，次贷风波最终演变为一场席卷世界的国际金融危机；中国同样受到金融危机的影响，出口严重萎缩，大量企业停工，银行贷款风险增加，但凸显的银行脆弱性并没有发生类似美国这样的金融危机，背后究竟有怎样的机制在发挥作用，其是否蕴含着一定的理论意义，以上谈的是防范阶段。本书还分析了危机爆发后的救助，分析评价了美国政府在此次金融危机的救助中所采用的具体救助政策与措施。

2.6 简 要 评 述

银行脆弱性是银行业"借短贷长"以及"高负债"经营的行业特征内在决定的，但脆弱性水平的高低受到银行自身经营状况和宏观经济等因素的影响。同时，银行脆弱性还是诱发银行危机甚至金融危机的一个主要内在动因，但脆弱属性并不必然会引发银行危机，需要一定的触发条件。危机的爆发是对脆弱性水平不断提升的一种集中清算，对经济发展带来的破坏作用难以估量，因此，对银行脆弱性水平的影响因素以及脆弱性引发危机的预防、触发及救助的研究一直是学术界的重要领域，具有非常重要的现实意义。

通过对现有文献的梳理归纳，发现已有对银行脆弱性的研究并未取得清晰一致的定义。学者们从不同的视角给予银行脆弱性不同的定义和内涵，比如，企业融资结构视角、储户心里预期变化视角、政府干预视角等，在以上经典定义的基础上，结合研究，本书认为银行脆弱性是指，由于银行机构其"借短贷长"的经营模式，资产负债在期限及流动性上均不匹配，从而使其对外界冲击（信贷周期、资产价格波动、政府监管及金融创新等）的抵抗力及清偿能力不足，金融资源配置效率低下的一种状态。在梳理银行脆弱性影响因素的研究文献的基础上，结合本书的研究主题，将其归纳为四大类别，分别为信贷变化、资产价格波动、资本监管与金融创新。有关金融危机的触发、预防与救助的研究，学术界已取得了丰硕的成果，这些文献的研究为本书的研究奠定了坚实的基础，但仍然具有一定的局限性：（1）既有文献多数针对的是金融市场较发达的国家，对我国的银行脆弱性水平及影响因素的研究较少，将我国商业银行进行细分研究的就更加不多。（2）从对现有文献的梳理可以看出，大多数学者采用Granger因果分析和预测方差分解方法等来分析各因素与银行脆弱性的因果关系及对脉冲的响应函数。但事实上这些方法都有一定的使用局限。Granger因果分析的结果依赖于对滞后期的选择，选择不同的滞后期会有不同的分析结论，而且Granger因果分析更加侧重统计意义上的显著性，而不够重视经济意义上的显著性。（3）关于银行脆弱性与金融危机，学者们已进行了非常深入的研究，但大多数文献是将银行脆弱性与金融危机作为两个孤立的主题进行研究，事实上，银行脆弱性水平的提升往往是诱发金融危机的重要因素，因此，将二者结合起来，深入探究其触发条件、预防制度及救助安排具有一定的可行性。

首先，本书在以上文献的基础上，需要将银行脆弱性与金融危机结合起来，构建理论模型阐明若不存在预防制度，则银行脆弱性必然引发危机；若存在预防制度则可以起到有效阻隔银行脆弱性引发的金融危机。其次，我们需要重点考察我国银行脆弱性水平的影响因素，本书采用Bankscope全球银行与金融数据库及Wind数据库全面细致地考察银行脆弱性水平受信贷变化、资产价格波动、资本监管和金融创新的影响及中美差异。在研究的过程中，本书采用了多种实证分析方法以求客观全面地对这一问题进行深入考察，在了解银行脆弱性影响因素的基础上，本书通过详细的案例分析来形象具体地提出"预防—监管—救助"三位一体的危机处置方案。

第 3 章

银行脆弱性到金融危机的预防、触发条件及救助的理论分析

本章对银行脆弱性的经典理论进行了回顾，介绍了明斯基的金融不稳定假说、戴蒙德和戴维格（Diamond and Dybvig）的 DD 模型；对四大主要因素影响银行脆弱性变化的内在机制进行了理论阐述。在此基础上，本章将银行脆弱性与金融危机结合起来，对银行脆弱性演变为金融危机的预防及触发条件构建了理论模型，说明当银行脆弱性水平大于临界值 $\overline{Fcris}$ 时，若不存在预防制度，则银行脆弱性引发危机；若存在预防制度则可以起到有效阻隔银行脆弱性引发的金融危机。

3.1 银行脆弱性经典理论

本节对银行脆弱性的两大经典理论进行了简单回顾，分别是明斯基的金融不稳定假说、戴蒙德和戴维格的 DD 模型。

3.1.1 明斯基的金融不稳定假说

明斯基从企业融资视角全面系统地提出了"脆弱性假说"，认为金融业高负债经营及借短贷长的行业特征使其天然具有脆弱性属性。企业为投资的顺利实施需要进行融资，他将融资分为三个类别：保值性融资（Mf_t）、投机性融资（Sf_t）和庞兹融资（Pf_t），在一个经济周期中，企业的融资行为往往是由保值性融资转变为投机性融资和庞兹融资的，而正是企业的这种融资结构 Fs_t 的改变给经济带来内在不稳定性。具体分析如下。

设企业每期需偿还的到期债务为 B_t，预期收益为 R_t，则：

保值性融资是指在企业的存续期内，总有：

$$R_t > B_t, \quad t = 1, 2, 3, \cdots, n \qquad (3.1)$$

成立，显然保值性融资在每一偿还期内，预期收入均大于到期偿还债务，拥有稳定的现金流，是信贷机构优质安全的借款方。

投机性融资企业的特征可表述为：

$$R_{t-1} < B_{t-1}, \quad t = 1, 2, 3, \cdots, n$$
$$R_t > B_t, \quad t = n+1, n+2, n+3, \cdots \qquad (3.2)$$

即该类企业在融资后一段时间内需要通过持续借入资金来偿还到期债务，通过借新债还旧债的方式维持经营，但总体来看，仍然满足预期收入大于偿还债务额。由于该类企业需要通过一段时间的债务滚动才能实现盈利，因此，需要科学有效的债务及信贷管理，同时对经济环境及融资市场依赖较大。

庞兹融资是指满足以下表达式：

$$R_t < B_t, \quad t = 1, 2, 3, \cdots, n \qquad (3.3)$$

即庞兹融资企业在每一偿还期内，预期收入均小于到期偿还债务，甚至无法支付净利息，现金流总是不足，往往需要通过持续不断地增加债务才能维持经营。这类融资往往期限较长，数额巨大，短期内可通过持续借债维持，长期内一旦收益无法实现极易陷入破产倒闭，是信贷机构的高危借款方主体。

明斯基提出三类融资在一个经济周期内会发生转化，经济处于上升时期，由于信贷机构及企业双方较为谨慎的策略，保值性融资是这一时期的主要融资方式；伴随经济高涨的到来，经济各方逐渐丢弃了谨慎，而变得更加乐观，在高额利润的吸引下，保值性融资悄悄萎缩，取而代之的是投机性融资和庞兹融资，伴随着经济的扩张，融资结构 Fs_t 已然由保值性悄然转化为投机性和庞兹融资，金融风险在不断地积聚，整个信贷机构变得越发脆弱，任何阻断信贷资金进入生产环节的小冲击，必将引发大量企业的资不抵债或者破产，出现债务违约，进而快速引发信贷机构（我国主要指商业银行）的资产恶化，从而脆弱性凸显。

3.1.2 DD 模型

戴蒙德和戴维格（1983）首次系统地从银行流动性供给和资产期限转换的核心功能视角分析，认为这种银行通过将短期且流动性较差的存款资产，转换为长期且较具流动性的负债业务是银行极易遭受挤兑问题的根源。为了论证这一观点，他们构建了DD模型。DD模型假设：

第一，存在 T = 0，1，2 三个时期，若存款者在 T = 0 期存入，T = 1 期取出，收益为 R_1；T = 2 期取出，收益为 R_2，且满足 $R_2 > R_1$。

第二，存在两类存款者，T = 1 期取出，即为 I 类存款者，T = 2 期取出，即为 II 类存款者。

第三，存款者类型为私人信息。

第四，银行经营稳定需要该模型达到帕累托最优，即 I 类存款者在 T = 1 期取出，II 类存款者在 T = 2 期取出。

存在信息不对称时，市场上两类存款者在 T = 1 期的收益矩阵如表3.1所示。

表3.1   II 类存款者收益矩阵

II 类存款者	其他存款者	
	提取	不提取
提取	(R_1, R_1)	$(R_1, 0)$
不提取	$(0, R_1)$	(R_2, R_2)

显然，以上收益矩阵的纳什均衡策略为（提取，提取）和（不提取，不提取）。当市场上存在信息不对称时，两类存款者互相不知道对方的类型，此时 II 类存款者是否进行提取，则只能依赖于其对银行是否有信心，如果对银行信心不足，则会在 T = 1 期进行提取，从而出现（提取，提取）的挤兑均衡。因此，DD 模型表明银行"借短贷长"的经营模式经常使其陷于"挤兑式"平衡，也正是这种缺乏流动性的资产负债管理和储户对流动性需求的非确定性使其自然具有脆弱性，可以说银行脆弱性的直接源泉是储户对银行信心的不足。

3.2 银行脆弱性影响因素的理论阐述

借鉴弗里德曼研究货币需求的方法，同时，在对银行脆弱性相关理论的梳理基础上，本节重点分析了影响银行脆弱性的四大主要因素，并在此基础上，结合中美两国的具体发展模式，运用经典案例来说明银行脆弱性发生变化的内在机制。

假设：各经济主体符合经济人假设；市场存在信息不对称；则

$$BF = f(\text{credit}、\text{finnov}、\text{govregu}、\text{aprice}、\text{liquid}、\theta) + \varepsilon \qquad (3.4)$$

表示银行脆弱性，其中 $f(\cdot)$ 为脆弱性函数，可能是线性的，也可能是非线性的，credit 代表信贷变化，finnov 为金融创新，govregu 为政府监管，aprice 为资产价格，liquid 为银行现金流占比，θ 为不良资产占比，ε 为随机扰动。

按照明斯基的"脆弱性假说"，在一个经济周期中，融资结构 Fs_t 由保值性悄然转化为投机性和庞兹融资，当超过临界值 $\overline{Fs}$ 时，信贷增长不仅不能降低银行机构的脆弱性，反而会引发银行的脆弱性上升，即：

$$\begin{cases} \dfrac{\partial f}{\partial (\text{credit})} \leqslant 0, & \text{if} \quad Fs_t \leqslant \overline{Fs} \\[3mm] \dfrac{\partial f}{\partial (\text{credit})} > 0, & \text{if} \quad Fs_t > \overline{Fs} \end{cases} \qquad (3.5)$$

其中，$\overline{Fs}$ 为保值性融资 (Mf_t)、投机性融资 (Sf_t) 和庞兹融资 (Pf_t) 的函数：

$$\overline{Fs} = Fs(Mf_t, Sf_t, Pf_t) \qquad (3.6)$$

满足：

$$\begin{cases} \dfrac{\partial Fs(Mf_t, Sf_t, Pf_t)}{\partial Mf_t} > 0 \\[4mm] \dfrac{\partial Fs(Mf_t, Sf_t, Pf_t)}{\partial Sf_t} < 0 \\[4mm] \dfrac{\partial Fs(Mf_t, Sf_t, Pf_t)}{\partial Pf_t} < 0 \end{cases} \qquad (3.7)$$

即当保值性融资 Mf_t 增加时，企业的信贷增加将带来更多收益，此时，融资结构 Fs_t 的临界值 $\overline{Fs}$ 会变大；对于投机性融资 (Sf_t) 和庞兹融资 (Pf_t) 而言，尤其是庞兹融资，则反之。融资结构的这种变化，包括信贷总量和信贷结构的改变，使得信贷增长难以带来收益增长，引发金融风险不断积聚，使整个信贷机构变得越发脆弱，一旦发生阻断信贷资金进入生产环节的小冲击，必将引发大量企业的资不抵债或者破产，出现债务违约，进而快速引发信贷机构（我国主要指商业银行）的资产恶化，从而脆弱性凸显。

自 20 世纪六七十年代以来，金融自由化趋势和金融创新实践的蓬勃推进，到了八九十年代，金融创新俨然发展为全球性的强大浪潮，不仅成为推动金融发展与变革的重要力量，也是推动各国经济发展不可缺少的要素之一，尤其是美、英等发达国家。然而 2007 年美国发生的次贷危机，成为自 20 世纪 30 年代经济大萧条以来破坏力最强、持续时间最长的全球性经济危机。本次危机的主要特征是先发生金融危机，后蔓延为经济危机，因此，推动金融业发展壮大的金融创新，将很难不被与这场危机联系起来。学者宣昌能和王信（2009）、石睿（2011）就金融创新与金融稳定的理论分析表明，金融创新使系统风险累积和升级，这将直接危及金融机构及金融市场的稳定性。这一观点直接质疑了传统的金融创新促进银行稳定的论断。那么金融创新与银行稳定究竟是促进还是抑制的关系？二者之间的关系是固定还是动态变化的？本章对比分析了中美两个金融创新水平差异较大的国家，在我国，金融创新对银行脆弱性存在显著的正向影响，说明金融创新的加强，为金融机构提供了投资产品，扩大了经营渠道，有效转移和分散了金融机构的风险，有助于降低银行的脆弱性水平。而美国的金融创新，带来资产价格的大幅上涨、巨额债务的积累、经济虚拟化以及账户不断增加的赤字等，将金融系统的风险通过抵押贷款和资产的 N 次证券化传染给宏观经济的各领域，对银行脆弱性存在显著的负向影响。可见，金融创新对银行脆弱性的影响存在一个临界关系，若用 $\overline{finnov}$ 表示金融创新的这一临界点，则金融创新 finnov 与银行脆弱性 BF = f(·) 的关系可以表述为：

$$\begin{cases} \dfrac{\partial f}{\partial(\,finnov\,)} \leqslant 0, & if \quad finnov_t \leqslant \overline{finnov} \\[3mm] \dfrac{\partial f}{\partial(\,finnov\,)} > 0, & if \quad finnov_t > \overline{finnov} \end{cases} \qquad (3.8)$$

1996 年，我国正式成为以资本充足为监管核心的《巴塞尔协议》成员国，2003 年成立了银行业监督管理委员会，2004 颁布实施了《商业银行资本充足率管理办法》，确立了我国以资本充足为核心的监管框架。此后，伴随《巴塞尔协议》的 3 次修订，资本充足监管的重要性从未削弱。但探讨资本监管与银行稳定的文献基本是在线性框架下展开的，对二者的非线性关系探讨甚少。事实上，雅克和尼格罗（Jacques and Nigro，1997）在其论文《风险资本，资产组合风险和银行资本：联立方程式方法》（*Risk-based Capital，Portfolio Risk，and Bank Capital：A Simultaneous Equations Approach*）中明确提出银行脆弱性与资本充足监管的关系依赖于银行自身的资本充足水平。银行对监管标准的提高会因自身资本充足水平的高低而产生不同的响应。一般来说，在资本充足的银行中，资本充足标准的提升难以强化银行的冒险动机及行为，对银行风险有显著的负向影响；而在资本不足的银行中，由于监管标准的提高会更加削弱其本可以盈利的资产，为了博取更高的收益，在盈利资产有限的情况下，他们往往倾向于选择高风险、高收益的投资组合，从而造成提高资本充足的监管标准不仅未能降低银行机构的脆弱性，反而增加了其风险，使得经营更加不稳定。

资产价格的波动与银行和企业的资产负债状况密切相关。资产价格越是高涨，银行和借款企业的资产负债越是向好，这样必然形成信贷的大规模扩张，尤其是在金融创新的不断推进下，杠杆交易方式越来越普遍，不断放大着资产价格的变动，金融风险在悄然积累。但杠杆对资产价格变动的放大作用同样适用于资产价格下跌的情形。当资产价格转向出现下跌趋势时，在杠杆交易方式的放大作用下，则会加速恶化银行和借款企业的资产负债，加快信贷紧缩的形成，使得借款企业还款违约迅速蔓延，威胁银行的稳定，出现银行脆弱性集体恶化。

银行现金流占比是反映银行资产流动性的指标，戴蒙德和戴维格 (1983) 系统地研究了银行流动性与银行脆弱的关系，提出著名的 DD 模型，认为银行脆弱性源于存款者对流动性需求的不确定性和银行"借短贷长"的盈利模式，当存款者对银行信心不足时，便会产生存款者因恐慌而出现的流动性需求的集体大爆发，造成银行流动性危机，甚至引发破产。因此，银行资产流动性对银行脆弱性的直接影响就是，一旦无法满足存款者的支取需求可能引发严重的"挤兑"问题。银行的不良资产占比直接反映了银行的资产质量，高的不良资产比率不仅反映了较差的收益率和较大的资产受损概率，同时也表明了银行脆弱性正在积聚。伴随不良资产的上升，最终会危及银行稳定。

3.3　银行脆弱性与金融危机

银行脆弱性是由银行"借短贷长"、高负债经营的行业特征内在所决定的，是银行业的自然属性。因此，本书对银行脆弱性的关注点不是如何将其消除，而应该是影响银行脆弱性积聚的因素及脆弱性引致危机的条件机制，前者在 3.2 节已详细论述，接下来重点阐述脆弱性引致危机的条件机制。

3.3.1　美国银行脆弱性积聚到引爆危机的条件机制分析

在 3.2 节，对影响银行脆弱性的因素分析中，无论是宏观上的信贷变化、金融创新的国际环境以及资本监管，还是微观上的资产价格变动、银行现金流占比和不良资产占比，它们引发银行脆弱性积聚的过程均会直接反映到银行的呆坏账指标上（但由于呆坏账在数据获取上的限制，本书在以下对我国银行业实证检验中并未采取这一指标）。而且银行脆弱性积聚，呆坏账攀升与危机爆发也不能画等号，二者之间存在引爆的条件机制。对这一条件机制的认识，我们需要借助美国 2007 年由次贷危机引发的金融脆弱性集体攀升并最终爆发金融危机的经典案例。

此次的次贷危机发生在一个堪称世界金融发展的翘楚与模范的国度——美国，就在其不断向世界宣告拥有全球最发达的金融市场，最完善的规章制度，最标准化的操作流程时，却爆发了危及全球的金融危机，这一引人深思的问题让我们不得不思考真正的原因所在，也让我们再次充分认识到金融脆弱性的存在与金融市场是否足够发达完善无关，它是客观存在的，在一定条件触发下会引爆金融危机，那么脆弱性积聚引爆危机的内在条件究竟是什么？又是如何发挥作用的？这需要我们进一步考察美国的经济金融特征。

以美国为主导的现代金融体系的显著特征可以概括为：美元霸权的国际货币体系及积极金融创新与监管不足的并行。美元在世界货币体系的霸权地位，使得美联储俨然成为世界各国迫不得已接受的"世界中央银行"，从而美国可以通过不受限制的滥发货币来维持其双赤字的经济增长模式。众所周知，自 20 世纪 70 年代，布雷顿森林体系解体以来，美元彻底摆脱了黄金的限制，成为世界本位货币，为维持其本位货币的地位，则需要美元汇率保持稳定。回顾美国经济的发展史，我们发现，20 世纪 70 年代以前，美国的国际收支通过经常项目顺差与金融项目逆差基本保持平衡，即美国经济通过强大的制造业等实体经济向全世界输出工业产品，同时又通过金融账户逆差向世界各国输出流动性，用来构成其他国家购买美国出口的汽车及其他工业用品的购买力，这样形成一个美元稳定持续的循环回路。70 年代后，随着美元的发行对黄金储备的脱离，美元开启了向全世界大量提供流动性的闸门（这也为后来的金融危机埋下种子），美国国际收支平衡的内部结构被逆转，通过其强大完备的金融支持下的超前消费模式向世界各国进行经常项目逆差以输出空前流动性，而又通过各国巨额外汇储备的回流即金融项目的顺差来构成持续稳定的美元循环路径。至此，美国经济之前世界工厂式的发展模式被彻底颠覆，其所需要的产品均来源于其他国家的进口，而不再需要在本国进行这些低附加值、低利润、高污染工业产品的加工，他们凭借美元本位币的地位，只需要开足马力印刷美元，其他国家就会源源不断地为其提供所需产品以换取充足的美元储备，而这些储备并不是呆在各国中央银行的账面上，是必须回投于美国的各种证券以维持其价值，这样一来，美元要想平稳地运行起来，则需要美国可以提供足够的证券以吸收这些巨额的美元储备。据统计，近年来，美元的海外发行总额超过美国 GDP 的 3 倍，这使得其他国家持有的美元储备不断上升，2007 年，我国的外汇储备余额高达 1.53 万亿美元，同比增长43.32 个百分点①，为避免大额外汇储备的贬值，我国政府不得不将其又投资于美元证券（包括金融衍生品），即又回流到美国金融市场，世界其他各国也是一样，世界各国巨额外汇储备的回流对此次美国房地产价格泡沫的形成起了一定的推动作用。美国经济虚拟化的发展路径使其中心产业由原来的制造业转变为金融、房地产及各项职业服务业，在这些高收入行业的蓬勃发展下，美国经济伴随着人均收入及人均劳动成本的大幅提高被迫逐渐完成了去工业化，即刘骏民教授讲的美国经济的虚拟化。如表 3.2所示，美国制造业、金融房地产及职业服务业占 GDP 份额的变动，清晰地展示了美国中心产业的虚拟化。

表 3.2 美国 GDP 产业构成比例（1950～2013 年） 单位：%

年份	传统实体经济						虚拟经济			传统服务					政府部门
	农业采矿公用	建筑	制造	运输仓储	信息产业	总计	金融房地产	职业服务	总计	教育医疗救助	娱乐休闲餐饮	其他服务	批发零售	总计	政府部门
1950	11.05	4.35	27.02	5.71	2.96	51.09	11.45	3.51	14.96	2.01	3.03	2.92	15.23	23.02	10.75
1960	7.98	4.40	25.35	4.41	3.25	45.39	14.18	4.29	18.47	2.70	2.80	2.96	14.51	22.97	13.17
1970	6.17	4.77	22.69	3.88	3.60	41.1	14.71	5.00	19.72	3.88	2.87	2.68	14.51	23.95	15.24
1980	7.67	4.26	20.02	3.68	3.89	39.98	16.03	6.21	22.23	4.81	2.98	2.46	13.79	24.03	13.75
1990	5.68	4.20	16.70	2.98	4.06	33.62	18.09	8.90	26.99	6.49	3.44	2.65	12.90	25.49	13.90

① 资料来源：国家外汇管理局，http：//www.safe.gov.cn。

续表

年份	传统实体经济						虚拟经济			传统服务					政府部门
	农业采矿公用	建筑	制造	运输仓储	信息产业	总计	金融房地产	职业服务	总计	教育医疗救助	娱乐休闲餐饮	其他服务	批发零售	总计	
2000	3.80	4.70	14.23	3.03	4.20	29.95	20.07	11.22	31.30	6.81	3.83	2.79	13.10	26.54	12.21
2005	4.15	4.84	12.41	2.92	4.69	29.01	20.62	11.57	32.19	7.54	3.81	2.52	12.38	26.25	12.55
2006	4.39	4.86	12.33	2.95	4.43	28.96	20.73	11.73	32.46	7.58	3.82	2.48	12.27	26.14	12.45
2007	4.61	4.67	12.08	2.88	4.50	28.75	20.56	12.09	32.65	7.67	3.88	2.45	12.09	26.09	12.52
2008	5.15	4.34	11.47	2.91	4.54	28.41	20.70	12.31	33.01	8.00	3.73	2.37	11.57	26.47	12.91
2009	4.55	3.81	11.22	2.76	4.53	26.87	21.53	12.05	33.58	8.59	3.63	2.38	11.34	25.94	13.62
2010	4.79	3.61	11.25	2.92	4.22	26.79	20.84	12.21	33.05	8.75	3.85	2.46	11.55	26.61	13.56
2011	5.03	3.51	11.49	2.75	4.49	27.29	20.07	12.72	32.79	8.7	3.82	2.45	11.61	26.68	13.23
2012	4.83	3.56	11.9	2.99	4.40	27.68	19.20	12.45	32.65	8.57	3.98	2.40	11.78	26.73	12.92
2013	5.10	3.70	12.10	2.90	4.60	28.40	20.20	11.80	32.0	8.20	3.70	2.20	11.80	25.90	13.20

资料来源：美国国家经济分析局网站及 wind 数据库相关数据整理。

　　张云和刘骏民（2010）指出，经济虚拟化的盈利大小与金融杠杆有关，通过金融杠杆不仅将投资者稳定的收入流数倍放大，而且将二级市场上资产交易价格的微小变动放大数倍，创造出巨额货币收入，杠杆持续的放大创造出美国经济中绝大多数的货币财富，而与这些货币财富对应的物质产品却是进口自世界其他正在进行工业化的国家，美国通过金融创新创造大量的金融资产再将其遍布在世界各国的美元予以吸收，维持美元的基本稳定。可以说美元依靠其国际货币体系中的霸主地位，使得全球各国被迫共同为美国的超前消费模式、房地产市场和金融市场的繁荣输送血液和氧气。由此可见，这种维持全世界对美元信心的方式也依存于美元的本位币地位，一旦美元的本位币地位被动摇，美元汇率就会进入动荡。2002年，欧元加入国际货币体系，打破美元本位币的地位，双本位的国际货币体系其最大的特征就是不具有稳定性，正如历史中金银双本位时期发生的"劣币驱逐良币"现象。而现今无论美元还是欧元均为法币，其发行数量由各自货币当局据自身利益最大化来决定，而不具有其他限制和约束，这样一来双方博弈的结果就会出现"弃良币争劣币"的格局。如一方发行过度，出现货币贬值，就会引起另一方货币的被动升值，势必引发该国的经济金融机构发行更多的交易证券，造成货币滥发，汇率贬值，这样的循环一波接一波地进行，最终市场不存在良币。伴随欧元在国际货币储备体系中占比的上升，欧元显然已经成长为一个与美元平分秋色的国际本位币，美元唯一本位币的地位被打破，依附于其之上的美国经济去工业化，中心产业虚拟化的发展模式（主要依赖高杠杆创收）变得非常脆弱。美国巨额贸易逆差输出大量美元流动性，这些流动性通过顺差国家购进美元证券，绝大部分回流到美国证券提供者手中，但这只是开始，是美国经济虚拟化创造高利润的起点，证券提供者又将这些流动性通过美国高度发达的金融市场进行各项资产证券等交易，借助金融创新等高杠杆的衍生品将这些流动性数倍扩张，以获得高额利润，同时带来美元资产的数倍膨胀，汇率稳定难以维持，而且在高额利润的驱使下，加之美国一直以来信奉的自由主义的经济思想，对金融创新监管不足，造成美国各经济金融机构甚至是商业银行也深陷衍生品等各种金融创新产品的交易中，在高额利润的吸引下，已经不存在任何防火墙，使得美国的金融体系变得十分脆弱，任何来自某一细小环节的波动都会很快传导到整个金融体系，将其固有的金融脆弱性引爆。由于美国经济支柱产业的虚拟化，过度依赖虚拟资本高风险、高收益的杠杆化交易方式，使得次级贷款问题迅速传播，从次级房地产贷款到优质房地产贷款，从房地产贷款市场到整个金融体系（包括商业银行），从金融、房地产等虚拟经济到汽车、钢铁等实体经济，从美国本土到世界各国，均不同程度地受到这场金融洪流的冲击。曾经引领世界金融的美国华尔街巨头们相继陷入了巨额亏损中，五大投行全军覆灭，本次危机传染速度之快，损失之惨，在全球金融发展史上罕见，其危害之深令全球震惊。可以说，本次金融危机的根源，正是美国经济脱离实体经济，过度依赖杠杆交易方式创利的虚拟经济发展模式，它充分体现了这种模式下美国金融体系（尤其是商业银行）的脆弱性。在这种严峻的发展态势下，美国政府不得不放弃其长期以来坚守的"市场自由"思想，开始采取一系列措施，对金融市场及各金融机构进行干预，但这些措施，无论是对管理人员薪资的规定，还是对现有金融衍生品交易的限制以及对金融创新各项监管的加强，均无一例外地加剧了金融机构在巨额亏损中的被迫"去杠杆"的行为。这样一来，政府为稳定金融市场的各项措施对高度依赖杠杆交易的虚拟化美国经济的恢复并非雪中送炭，而是雪上加霜。由此，我们看到美国经济发展模式的困境：美国经济的支柱产业——虚拟经济的繁荣需要金融自由，才可以不断创新出大量金融交易产品及维持杠杆创利交易模式的运转；而次贷风波超出预期的肆虐及对金融市场稳定的迅速破坏使得政府不得不放弃自由市场，对各项创新及杠杆化的资产交易活动进行干预，这些措施势必会破坏金融自由的环境。那么一旦政府选择了维持金融稳定，放弃市场自由化发展的理念，采取各项干预时，美国经济虚拟支柱产业的恢复（金融、房地产及各项专业服务业）必然会步履维艰。当美国的虚拟经济尤其是金融行业不再拥有曾经的欣欣向荣时，则继而势必会严重挫伤世界对美国虚拟经济未来的信心，必然会引发持有大量美元储备的机构和国家对美元贬值的担忧，纷纷抛售手中的美元资产，大规模地抛售极易诱发美元危机。此次危机发展之迅速，波及范围之广，影响程度之深在美国历史上也属罕见。

回顾美国金融危机的爆发，我们发现，脱离监管的金融创新带来风险积聚是本次危机的直接原因；美国经济去工业化，采取经济虚拟化发展模式是本次金融危机迅速蔓延的根本原因；美元霸权的国际货币体系为美国经济支柱产业虚拟化提供了必要的土壤。则银行脆弱性 BF 与金融危机 Fcris 的理论模型可描述如下：

$$Fcris = Func(BF_t, \ EX_t, \ DF_t, \ govregu_t) \tag{3.9}$$

在式（3.9）中，$Func(\cdot)$ 为函数式，EX_t 为汇率水平，DF_t 为经济虚拟化度。

因此，其传导链条描述如下：美元霸权的国际货币体系——（美国经济虚拟化——金融创新——汇率——监管不到位）——风险积聚——金融脆弱性提升——商业银行信贷功能受损——危机爆发。这一传导过程如图3.1 所示。

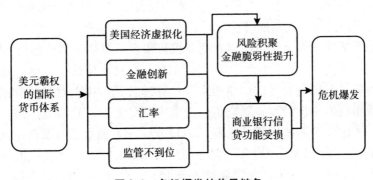

图3.1 危机爆发的传导链条

因此，通过分析本次美国的金融危机，我们得出美元霸权的国际货币体系和美国经济去工业化的发展模式是本次金融危机爆发的根本原因；而金融创新及监管缺失使商业银行加入高杠杆方式（承担高风险，赢取高利润）的盛宴；风险积聚引发银行脆弱性攀升，一旦经济转向，伴随被迫地去杠杆化，信贷功能受损，如果此时没有其他资金注入渠道（如政府救助）时，必然会引发金融危机。

3.3.2 预防银行脆弱性引爆危机的制度安排

以上分析表明，银行脆弱性在没有其他资金注入渠道（如政府救助）时，面对突如其来的冲击，伴随呆坏账（不良贷款）的堆积，信贷功能一旦受损必然引发金融危机。那么预防银行脆弱性引爆金融危机的重要环节便是建立新的资金注入渠道，解决银行呆坏账的大量堆积。若用 Insarr 表示建立新资金注入渠道的制度安排机制，则银行脆弱性与金融危机的关系式（3.9）可重新表示为：

$$Fcris = Func(BF_t, EX_t, DF_t, govregu_t) \mid Insarr_t \qquad (3.10)$$

其中：

$$Insarr_t = \begin{cases} 0, & \text{if} \quad \nexists \quad Insarr \\ 1, & \text{if} \quad \exists \quad Insarr \end{cases} \qquad (3.11)$$

在式（3.10）中，$Insarr_t$ 是一个指示函数，代表是否存在新资金注入渠道的制度安排。从我国的实际情况来看，我国政府对商业银行呆坏账处置的制度安排，使我国成功避免了商业银行在呆坏账堆积中的提升脆弱性，爆发危机的大灾难。对呆坏账的成功处置保持了我国金融业的基本稳定，为经济持续不间断地增长打下了基础。

由于某些原因，我国的国有商业银行账面不良贷款率曾达到44%的历史高水平[①]。为防止不良贷款对金融体系（尤其是银行）信用创造功能的破坏，我国政府迅即组建四家资产管理公司，用以对口接收四大国有商业银行的不良贷款，剥离了大约1.4万亿元的不良贷款。统计数据显示，考虑政策剥离因素的影响，2000年，国有商业银行账面不良贷款率降至29.18%，较1999年下降了25%；2005年，一季度账面不良贷款率降至15%，不良的贷款余额降至15670亿元[②]。不良贷款通过这一

---

① ② 资料来源：Wind 数据库。

方式得到解决的同时也就成功化解了金融危机的发生，事实上，该方式只是一个账面游戏，有助于帮助商业银行迅速恢复为经济增长供应所需货币资金的核心功能，成功地阻隔了风险由银行体系向整个金融系统地蔓延，使金融危机在我国不具备培育的土壤。但是对不良贷款的剥离要防止道德风险，因此，剥离要适量，一旦不良贷款率降至临界值，不良贷款的最优处置方式便不再是政府介入的外界剥离，而是银行实施自行剥离。运用probit 模型的思想，则指示函数式（3.11）可通过下述方法步骤进行进一步修正完善。

不良贷款率 bl_t 和不良资产处置 $handle_t$ 作为变量，作为衡量新资金注入渠道的制度安排执行情况指标 y^* 的解释变量，则：

$$y^* = f(bl_t, handle_t) \tag{3.12}$$

制度安排执行情况决定了金融系统是否达到既定制度安排的要求，即式（3.12）的不同取值决定了其满足制度安排要求的不同程度。若将制度安排执行情况指标 y^* 视作式（3.11）的隐变量，则这种程度通过 probit 模型中的概率转换，可以得到 $Insarr_t$ 的离散取值 0 和 1。假定模型（3.12）中 y^* 服从标准正态分布，则：

$$P(y^*) = \frac{1}{\sqrt{2\pi}} \int_{-\infty}^{y^*} e^{-\frac{t^2}{2}} dt \tag{3.13}$$

是否存在制度安排只能取值（0 或 1），则其概率密度函数为：

$$f(y_t | \phi,) = P^{y_t} (1 - P)^{1 - y_t} \tag{3.14}$$

对式（3.14）取对数，可得：

$$\ln f(y_t) = y_t \ln P + (1 - y_t) \ln(1 - P) \tag{3.15}$$

则其对数似然函数为：

$$\ln L = \sum y_t(\phi,) \ln P + (1 - y_t(\phi,)) \ln(1 - P) \tag{3.16}$$

对式（3.16）求极大值，可得到式（3.12）的参数估计值。从而，由式（3.13），得到 $P(y^*)$，则指示函数式（3.11）可修正为：

$$Insarr_t = \begin{cases} 0, & \text{if } P(y^*) \leqslant p \\ 1, & \text{if } P(y^*) > p \end{cases} \tag{3.17}$$

事实上，政府对商业银行不良贷款进行直接剥离本就应该是一种应急处置，而不是一种常态行为，但作为一种非常时期的制度安排却是一种宏观智慧的体现，是非常必要的。我国在经济转轨期，为维持经济的持续无间断地增长，商业银行尤其是国有商业银行发挥了无可替代的作用与功能，同时也积累了不良贷款问题，出现大量呆坏账，这一问题的解决成为一大难点，为此建立了针对呆坏账进行直接剥离的制度。呆坏账的剥离制度成功地避免了我国经济在持续快速增长过程中累积起来的金融风险的爆发，成功地阻隔了类似发达资本主义国家出现的因呆坏账集中引发银行倒闭继而发生金融危机链条的传播。

通过以上分析，我们可以将模型（3.10）进一步完善，本书用有序响应模型（ordered choice model）对银行脆弱性与金融危机之间的关系进行建模加以说明：

$$Fcris^* = Func(BF_t, EX_t, DF_t, govregu_t) + u_t$$
$$= Func(\beta) + u_t \tag{3.18}$$

式（3.18）得到的 $Fcris^*$ 作为有序响应模型的隐变量，β 是函数 $Func(\cdot)$ 的系数参数，u_t 满足：

$$u_t \sim iid(0, \sigma^2) \tag{3.19}$$

银行脆弱性是否引发金融危机用 $Fcris^{YN}$ 来表示，$Fcris^{YN}$ 取值为 1 或 2，分别表示不会发生金融危机或发生金融危机，则 $Fcris^{YN}$ 与隐变量 $Fcris^*$ 之间存在如下关系：

$$Fcris^{YN} = Fcris \cdot D(Insarr_t = i | i = 0, 1)$$

$$Fcris = \begin{cases} 1, & Fcris^* \leq \overline{Fcris} \\ 2, & Fcris^* > \overline{Fcris} \end{cases} \tag{3.20}$$

在模型（3.20）中，$\overline{Fcris}$ 是门限值，$Fcris = 1$，2 表示被解释变量分类。$Fcris$ 由下述有序响应模型来表示：

$$Fcris = \begin{cases} 1, & Fcris^* \leq \overline{\overline{Fcris}} \\ 2, & Fcris^* > \overline{\overline{Fcris}} \end{cases} \tag{3.21}$$

在模型（3.20）中，$D(\cdot)$ 为指示函数，当 $Fcris = 2$，且 $Insarr_t = 1$ 时，D 取值为 0.5；当 $Fcris = 2$，且 $Insarr_t = 0$ 时，D 取值为 1；其他时候取值亦为 1，即：

$$D(Insarr_t = i | i = 0, 1)$$
$$= \begin{cases} 0.5, & Insarr_t = 1 \ \& \ Fcris = 2 \\ 1, & \begin{cases} Insarr_t = 0 \ \& \ Fcris = 2 \\ Fcris = 1 \end{cases} \end{cases} \tag{3.22}$$

$Insarr_t$ 由式（3.17）决定，$Fcris$ 由式（3.21）决定。

可见，对于模型（3.20），需区分两部分进行分析，即有序响应模型部分和指示函数部分。

首先，对有序响应模型部分进行分析。根据有序响应模型的设定要求，如果 $Fcris_i^* < Fcris_j^*$ 成立，则 $Fcris_i < Fcris_j$，模型（3.20）的设定满足这一要求。此时：

$$P(Fcris = i)$$
$$= P(\gamma_{i-1} < Fcris^* \leqslant \gamma_i)，i = 1，2$$
$$\gamma_0 = -\infty，\gamma_1 = \overline{Fcris}，\gamma_2 = +\infty \tag{3.23}$$

根据，式（3.18）和式（3.19），

$$P(\gamma_{i-1} < Fcris^* \leqslant \gamma_i)$$
$$= P(\gamma_{i-1} < Func(\beta) + u_t \leqslant \gamma_i)$$
$$= P(\gamma_{i-1} - Func(\beta) < u_t \leqslant \gamma_i - Func(\beta)) \qquad i = 1，2 \tag{3.24}$$
$$= F(\gamma_i - Func(\beta)) - F(\gamma_{i-1} - Func(\beta))$$

在式（3.24）中，$F(\cdot)$ 是 u_t 的概率分布函数。模型（3.20）需要对式（3.18）中 $Fcris^*$ 和式（3.21）中 $\gamma_1 = \overline{Fcris}$ 进行估计，也即对参数 β 和门限 γ 进行估计。对于有序响应模型，需要采用极大似然估计法进行估计。对于上述有序响应模型，其对数似然函数为：

$$logL(\beta，\gamma) = \sum_{j=1,\cdots,N} \sum_{i=1}^{2} P(Fcris = i | Func(\beta)，\gamma) \cdot D(Fcris = i) \tag{3.25}$$

其中，$D(Fcris = i)$ 是指示函数，当 $Fcris = i$ 满足时，取值为 1，否则取值为 0。对于某一个特定的 $Fcris$ 观测值来说，在 $\sum_{i=1}^{2}$ 中同时只能满足一个为真。式（3.25）可进一步展开为：

$$logL(\beta，\gamma) =$$
$$\sum_{j=1,\cdots,N} P(Fcris = 1 | Func(\beta)，\gamma) \cdot D(Fcris = 1)$$
$$+ P(Fcris = 2 | Func(\beta)，\gamma) \cdot D(Fcris = 2) \tag{3.26}$$

对数似然函数对式（3.26）求极大值，就是每个个体在其取值条件下，估计 β、γ，使得 $logL(\beta，\gamma)$ 的函数值达到最大。可见，β、γ 是同时估计得到的。

在式（3.18）的隐变量 $Fcris^*$ 中，函数 $Func(\cdot)$ 的各变量 BF_t、EX_t、DF_t、$govregu_t$ 对模型影响的关系可以通过求偏导数得到，如对于变量 BF_t，有

$$\frac{\partial P_i}{\partial BF_t} = \frac{\partial P(Fcris = i \mid Func(\beta), \gamma)}{\partial BF_t}$$

$$= \frac{\partial F(\gamma_i - Func(\beta))}{\partial BF_t} - \frac{\partial F(\gamma_{i-1} - Func(\beta))}{\partial BF_t}$$

$$= \frac{\partial F(\gamma_i - Func(\beta))}{\partial(\gamma_i - Func(\beta))} \cdot \frac{\partial(\gamma_i - Func(\beta))}{\partial BF_t} - \frac{\partial F(\gamma_{i-1} - Func(\beta))}{\partial(\gamma_{i-1} - Func(\beta))} \cdot$$

$$\frac{\partial(\gamma_{i-1} - Func(\beta))}{\partial BF_t}$$

$$= -\beta_{BF}(f(\gamma_i - Func(\beta)) - f(\gamma_{i-1} - Func(\beta))) \quad ; i = 1, 2$$

$$(3.27)$$

在式（3.27）中，β_{BF}是指参数向量 β 中对应于变量 BF_t 的系数参数，$f(\cdot)$是 u_t 的概率密度函数。同理，对于 EX_t、DF_t、$govregu_t$ 等变量对模型影响，可通过下面的偏导数得到：

$$\frac{\partial P_i}{\partial EX_t} = -\beta_{EX}(f(\gamma_i - Func(\beta)) - f(\gamma_{i-1} - Func(\beta))) \quad i = 1, 2$$

$$(3.28)$$

$$\frac{\partial P_i}{\partial DF_t} = -\beta_{DF}(f(\gamma_i - Func(\beta)) - f(\gamma_{i-1} - Func(\beta))) \quad i = 1, 2$$

$$(3.29)$$

$$\frac{\partial P_i}{\partial govregu_t} = -\beta_{govregu}(f(\gamma_i - Func(\beta)) - f(\gamma_{i-1} - Func(\beta))) \quad i = 1, 2$$

$$(3.30)$$

接下来，对指示函数 $D(\cdot)$ 部分进行分析。此处的指示函数实质是用来表征宏观上是否存在预防银行脆弱性引发危机的制度安排的，以及该制度是否是有效执行。当 $Fcris = 1$ 时，$D(\cdot)$ 取值为 1，则 $Fcris^{YN} = Fcris = 1$，显然当银行脆弱性水平小于临界值$\overline{Fcris}$时，不会引发金融危机。当 $Fcris = 2$ 时，$D(\cdot)$ 取值依赖于预防银行脆弱性引发危机的制度安排。当存在该预防制度且执行良好时，$D(\cdot)$ 为 0.5，相应的 $Fcris^{YN} = 0.5Fcris$；当不存在预防制度或虽然存在却未有效执行时，$D(\cdot)$ 为 1，相应的 $Fcris^{YN} = Fcris = 2$，说明当银行脆弱性水平大于临界值$\overline{Fcris}$时，若不存在预防制度，则银行脆弱性引发危机，若存在预防制度则可以起到有效阻隔银行脆弱性引发的金融危机。

3.3.3　危机发生后的救助

本章分析表明，当脆弱性集体爆发，危及商业银行信用创造功能时，金融危机的爆发便不可避免。此时就存在政府的救助问题，是救还是不救，采取怎样的救助措施等，事实上，危机爆发后的救助，相当于建立事后资金注入渠道的制度安排，其核心作用仍是帮助银行体系恢复受损的信贷功能。本章在此仅对本次美国金融危机中，政府不再坚守自由至上的市场自我恢复，与1929～1933年的经济大萧条的政府救助相比，无论是在及时性还是救助范围和力度上，均差异较大的政府救助进行简短论述，详细内容将在后续章节展开。美国政府在雷曼兄弟破产后意识到本次次贷危机的爆发一开始就带有全局性，因此，为维持金融稳定，减少损失，其救助对象及采取的措施也是史无前例的，其中，对个别金融机构的救助几乎是对"市场自由"理念的完全颠覆，如对"两房"公司的救助中，借鉴芬兰模式，对其直接接管，进行国有化；向各金融机构提供的巨额贷款；批准投行向商业银行的改组；对困难金融机构广泛的证券回购；对资金困难银行的直接注资、提供政府担保及联合国际社会进行共同救助等。在本次金融危机中，美国政府的快速反应、大规模的救助计划及措施的跟进和实施，充分体现了在维持金融稳定的问题上，政府进行合理的干预及管制，以抵御自由市场制度不完善之处的必要性。

3.4　本章小结

本章在梳理经典理论的基础上，对银行脆弱性的影响因素进行了理论分析，主要分析以下几大因素：信贷变化、资产价格、金融创新和政府监管。分析结果表明，首先，信贷增长对银行机构脆弱性的影响是其融资结构的函数，融资结构在一个经济周期中由保值性融资转化为投机性融资和庞兹融资的过程中，会改变信贷变化对银行脆弱性产生的影响；金融创新对银行脆弱性的影响存在临界关系；银行对政府监管标准的提高会因自身资本充足水平的高低而产生不同的响应；资产价格的变动通过杠杆作用放大了对银行脆弱性的影响。其次，银行脆弱性除了对银行机构具有重要的影响，潜在的威胁还在于银行脆弱性还是引致危机的重要条件。

本章进行了银行脆弱性诱发金融危机的理论分析，得出了本次美国金融危机爆发的根本原因是美元霸权的国际货币体系和美国经济去工业化的发展模式；与此同时，金融创新及监管缺失使商业银行加入高杠杆方式（承担高风险，赢取高利润）的盛宴；风险积聚引发银行脆弱性攀升，一旦经济转向，伴随被迫的去杠杆化，信贷功能受损，如果此时没有其他资金注入渠道（如政府救助），必然会引发金融危机。在此基础上，本章构建了包含资金注入渠道的制度安排机制的理论模型，阐述了当银行脆弱性水平大于临界值 Fcris 时，若不存在预防制度，则银行脆弱性引发危机，若存在预防制度则可以起到有效阻隔银行脆弱性引发的金融危机。

第 4 章

信贷热潮、资产价格波动对
银行业脆弱性影响的分析

第 3 章从理论上阐述了信贷变化、资产价格波动影响银行脆弱性变化的内在机制，本章对信贷变化、资产价格波动影响银行脆弱性变化进行了实证分析。首先，通过构建含交叉项的估计模型实证检验了信贷热潮助推了银行脆弱性的提升，且信贷热潮期间经济虚拟化发展有利于弱化热潮对银行脆弱性的负面影响。其次，运用有向无环图（DAG）的分析方法实证分析了我国信贷规模、资产价格波动与银行脆弱性间的同期因果关系，并进一步分析了信贷规模、资产价格波动与银行脆弱性三者之间的相互影响。

4.1 信贷热潮、经济虚拟化与银行脆弱性

在过去的数十年间，世界各国经历了不同程度的金融深化。一方面，金融中介机构数量和规模持续扩大，资本市场上衍生产品相继涌现，衍生链条不断延伸，资产交易额和市值迅速攀升，使得经济虚拟化程度加深；另一方面，各国信贷出现持续的快速扩张过程。特奈尔和韦斯特曼（Tornell and Westermann，2002）指出信贷繁荣多数会逐渐减速，但有时会强化金融系统的脆弱性，引发货币和金融双危机。成思危（1999）、门多萨和特尼丝等（Mendoza and Terrones et al.，2008）通过理论分析认为虚拟经济是一把"双刃剑"，对实体经济的发展，一方面可能是加速器，另一方面也可能是破坏者。而随着经济虚拟化的不断加深，最大的危害是引起金融危机。刘骏民和张国庆（2009）通过对美国数据的实证分析指出虚拟经济的不稳定性与敏感性成为诱发金融危机的因素。以上分析表明随着经

济虚拟化程度的提升，以及信贷膨胀的涌现，新兴经济体金融体系的不稳定性逐渐凸显。我国作为新兴市场，经济发展取得持续的高速增长，而金融体系仍然是以金融中介机构为主导的，这使得银行脆弱性成为各界关注的焦点。伴随中国经济的高速发展，一方面，经济虚拟化程度不断攀升，由1999年的0.92到2013年18.80；另一方面，信贷持续增长，金融机构各项贷款由1999年9.37万亿元增长到2013年的71.9万亿元[①]。本小节尝试将银行脆弱性与信贷繁荣及经济虚拟化结合起来，通过构建含交叉项的估计模型来研究信贷热潮与经济虚拟化对银行脆弱性的影响。

4.1.1 研究设计

为了深入分析经济虚拟化条件下信贷热潮对我国银行部门脆弱性的影响及其作用机制，本书借鉴特尼丝和门多萨（Terrones and Mendoza，2004），巴拉哈斯和戴尔阿里西亚等（Barajas and Dell Ariccia et al.，2007），休斯顿和林等（Houston and Lin et al.，2010），塔巴克和莱兹等（Tabak and Laiz et al.，2013），董意志和孟超等（Dong and Meng et al.，2013）构建了以下估计模型。

模型一：

$$z\_score_{i,t} = c_0 + \beta_1 z\_score_{i,t-1} + \beta_2 lnasset_{i,t} + \beta_3 cr_{4,t} + \beta_4 gw_t + \beta_5 bcp_t + \beta_6 duration_t + \beta_7 f_t + \theta_t + \varepsilon_{i,t} \tag{4.1}$$

依据中国人民银行的划分标准，将样本按照银行规模变量分为三组，第一组为所有银行，第二组为大型银行，第三组为中小型银行，这是由于规模特征是决定银行行为的基础因素（沙特兰和埃尔曼等，2003）。

为进一步分析在信贷热潮期间，各因素是如何影响银行脆弱性的，本书借鉴戴力斯（Delis，2011）的方法，建构含交叉项的估计模型。

模型二：

$$z\_score_{i,t} = c_0 + \beta_1 z\_score_{i,t-1} + \beta_2 lnasset_{i,t} + \beta_3 cr_{4,t} + \beta_4 gw_t + \beta_5 bcp_t + \beta_6 f_t + \sum \beta_7 X_{i,t} \times duration_t + \theta_t + \varepsilon_{i,t} \tag{4.2}$$

$cr_{4,t}$为了方程表述简洁，文中用$X_{i,t}$代表$cr_{4,t}$、bcp_t、f_t。其中，i代表银行个体，i = 1，2，…，N；t代表年份。模型中被解释变量为银行脆弱性，解释变量为信贷占比、信贷热潮持续期、经济虚拟化度及银行业集

---

① 资料来源：国家统计局各年统计年鉴及 ccer 数据库，在此基础上整理计算所得。

中度，控制变量有银行规模、宏观经济增长率。本章已详细介绍银行脆弱性、信贷热潮持续期、经济虚拟化度。以下对其他变量简单说明。

4.1.1.1　银行脆弱性

在本书实证分析中被解释变量为银行脆弱性，它反映了银行体系的风险积累程度。文献中关于银行脆弱性的测度指标主要有资本充足率、不良贷款率、加权的银行脆弱性指数以及银行稳定性指标 z_score。本书借鉴波特和昆特·德米库克等（Bertay and Demirgüç – Kunt et al.，2013）引入 z_score来测度银行脆弱性。计算公式如下：

$$z\_score = \frac{roa + car}{sd(roa)} \tag{4.3}$$

其中，roa 为银行资产收益率，car 为银行资本充足率，sd(roa) 为资产收益率的标准差，本书由 3 年移动平均来计算，同时，为了尽可能全面真实地反映样本信息，减少数据的损失，本章对样本期内第一年及最后一年的 sd(roa) 均采用 2 年移动平均。具体来说，1999 年的标准差采用 1999 年和 2000 年两年的移动平均；2013 年的标准差采用 2012 年和 2013 年两年的移动平均。

4.1.1.2　信贷热潮

信贷的快速增长通常有三个原因：金融深化、正常的周期性上升和异常的周期性上升，只有异常的周期上升才可以构成信贷热潮。实证研究中，有关信贷热潮的识别，格瑞启斯和巴尔德斯等（Gourinchas and Valdes et al.，2001）为信贷热潮是名义信贷占比（信贷额/GDP）对其趋势一定程度的偏离。他们提出这一偏离应该达到某一门限阈值，并定义了相对和绝对两种偏离，相对偏离将信贷增加的规模与银行体系规模联系起来，用银行信贷额占比是否超过 10% 来识别；而绝对偏离将其与经济体大小联系，用真实的信贷增长率对其趋势的绝对偏离来识别。特尼丝和门多萨（Terrones and Mendoza，2004）认为在一个给定国家，若信贷膨胀超过给定的门限阈值（相当于信贷对其长期趋势偏离值标准差的 1.75 倍），则认为发生热潮。本书借鉴格瑞启斯和兰德雷奇等（Gourinchas and Landerretche et al.，2001）的分析，分别通过绝对和相对两种门限阈值识别我国的信贷热潮。绝对门限阈值借鉴巴拉哈斯和戴尔阿里西亚等（Barajas and Dell Ariccia et al.，2007）方法，首先引入 Bcp（credit/gdp）指标来度量信贷增长。由于信贷是一个存量指标，而 gdp 是流量指标，同上参考，巴拉哈斯和戴尔阿里西亚等（2007），文中采用 gdp_t 和 gdp_{t+1} 的几何平均作为 GDP 的代理变量。借鉴门多萨和特尼丝等（2008）运用标准型 HP 过滤器（由于采用年度数据，平滑指数设为 100）估计 Bcp 的长期趋势，如图 4.1 所示。然后，对数化 Bcp(lnbcp) 及其长期趋势，计算二者的偏离值，定义为 d_t，继而我们求取该序列的标准差，记为 $\sigma(d_t)$，当一期或连续多期满足条件：$d_t \geqslant \lambda\sigma(d_t)$，说明 t 年正在经历信贷热潮（λ 为信贷热潮阈值）。文中 λ 设定为 1.25。

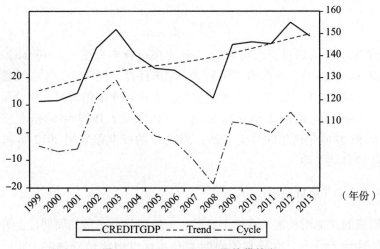

图 4.1　Hp_Creditgdp 及信贷热潮

当时刻 t_m 满足 $\max(d_{it} - \lambda\sigma(d_i))$，将 t_m 定义为信贷热潮的峰顶。t_m 给定，设 t_s 为热潮起始时刻，t_e 为结束时刻，则 $t_s \leqslant t_m$，同时满足 $\min|d_{it} - \lambda_s\sigma(d_i)|$；$t_e \geqslant t_m$，同时满足 $\min|d_{it} - \lambda_e\sigma(d_i)|$。文中设定 $\lambda_s = \lambda_e = 0.75$①。文中引入信贷热潮持续期变量 duration，当热潮期不存在时，duration = 0；当存在热潮期时，其起始时刻 t_s 年，duration = 1，若下一年热潮仍存在，duration = 2，依次类推。相对门限阈值借鉴瑞启斯和兰德雷奇等（Gourinchas and Landerretche et al.，2001）的方法，引入银行信贷额占比增长率（$gwcredit_t$）来测度信贷热潮。当 $gwcredit_t \geqslant 20\%$，表明在第 t 年处于信贷热潮中。结果表明，自 1999 ~ 2013 年我国经历了 2 次信贷

---

① λ_s 与 λ_e 也可以不相等。此处取不同于波峰的 λ，是为了揭示信贷热潮的形成过程。

热潮，分别发生在 2002 ~ 2003 年和 2009 年。

4.1.1.3　经济虚拟化度

文中引入经济虚拟化度指标 f_t，借鉴南开大学经济与管理研究中心的研究成果，定义 f_t 计算公式为：$f_t = F_T / GDP_T$，其中，F_T 表示 T 时期内虚拟经济规模总量，其表达式为 $F_T = stock + det + fund + estate$；$GDP_T$ 表示 T 时期内名义国内生产总值。

4.1.1.4　银行规模

本书采用银行资产对数值 lnasset 代理银行规模，学界对银行规模与其脆弱性之间的关系并无共识。戴力斯（Delis，2011）采用 18000 家银行的 2003 ~ 2008 年的数据进行实证分析，认为银行规模与脆弱性呈负向相关关系，这主要是由于规模增大，可使投资越发分散，从而降低银行风险。而艾克曼和霍尔丹等（Aikman and Haldane et al.，2013）提出银行规模越大，风险管理技术越高，然而这也不过只会使风险转移而不会消失，相反会使风险累加，且伴随规模的扩张，委托—代理问题会出现，从而增加银行风险，脆弱性提升。

4.1.1.5　银行集中度

银行集中度 cr 是衡量银行业市场结构的度量指标，通过计算银行体系最大的前几个银行资产额占整个体系资产额的比例来反映银行体系的集中度，该比例越高，表示银行业集中度越高。最初这一指标选用最大的前三个银行资产额占比来计算，但考虑到我国长期以来的四大国有商业银行的主导支配地位，本书选取最大的前四个银行资产额占比来反映集中度，即 $cr_{4, t}$。

4.1.1.6　经济增长率 gw

为了解宏观经济环境对银行脆弱性的影响，文中选取经济增长率 gw 指标作为代理变量。斯勒瑞克和泰勒（Schularick and Taylor，2009）认为在宽松的宏观经济下，伴随经济景气上升，形成乐观预期，各银行均有扩张信贷的冲动，从而提高银行自身的脆弱性。

4.1.1.7　信贷占比

麦金农和皮尔（McKinnon and Pill，1998）建立了一个简单的费舍尔

（Fisherian）模型，分析过度的国际借款效应。得出存款保障制度使银行部门形成乐观预期，倾向放松借款条件，借款条件的放松势必带来过度的消费、投资及过度的借款，而这一系列变化使贷款提供部门即银行机构的信贷迅速增长，银行脆弱性恶化，危害公众利益。斯哈克等（Cihak et al.，2012）通过实证分析提出新兴经济体中大约有75%的信贷持续增长会引发银行危机。文中bcp为信贷占比，具体采用银行部门提供的信贷占比来度量。

4.1.2 样本选择及数据来源

我国自1998年开始取消信贷规模的计划管理模式，因此，本书研究样本的年度区间为1999～2013年。由于各银行在样本期间均有不同程度的数据缺失，故本书使用数据为非平衡的面板数据。结合本书研究，我们借鉴刘晓欣和王飞（2013）剔除了以下几类个体：证券公司、政策性银行、信托公司和国际银行，同时对样本期内发生重组或合并的银行，采用合并银行数据。最终的样本包括中国银行、中国农业银行、中国工商银行、中国建设银行、交通银行5家大型商业银行；浦发银行、中信银行、兴业银行、华夏银行、北京银行、渤海银行等100家中小型商业银行。因此，本书最终的研究样本确定为1999～2013年的我国105家商业银行。本书使用的各项银行数据来源于bankscope数据库及各银行年报，而宏观指标等均来源于国家统计局各年统计年鉴及ccer数据库。本章主要变量的统计性描述如表4.1所示。

表4.1　　　　　　　　　　各变量描述统计

变量名称	符号	观测值	均值	标准差	最小值	最大值
银行脆弱性	z_score	1080	55.08	103.19	-4.14	1650.14
银行集中度	cr4	1080	0.5993711	0.1480756	0.3985817	0.8085709
经济虚拟度	ft	1080	6.178316	5.30226	0.9153247	18.79603
经济增长率	gw	1080	13.65762	4.614314	6.249559	22.88145

续表

变量名称	符号	观测值	均值	标准差	最小值	最大值
信贷占比	bcp	1080	137.75	13.01081	119.3319	160.3452
信贷热潮持续期	duration	1080	0.2666667	0.573754	0	2
银行资产规模	lnast	1080	254.75	230.8088	1	692

4.1.3　实证结果与分析

本书采用动态面板的估计模型，这一模型的典型特征是解释变量含有被解释变量的滞后项。借鉴霍尔茨—埃金等（Holtz-eakin et al., 1988），布伦德尔和邦德（blundell and bond, 1998）的研究，认为系统 GMM 的估计算法可以提高动态面板估计效率，但为了确认估计的有效性，需要对扰动项的差分序列进行相关性检验及对估计过程中的工具变量进行过度识别的检验。

4.1.3.1　模型一的估计结果与分析

表 4.2 为模型一的实证结果，表中显示扰动项差分序列二阶自相关的 Abond 检验及工具变量过度识别问题的 Sargan 检验均满足，表明本书采用的系统 GMM 估计算法合理可用。

（1）信贷热潮对银行脆弱性的影响分析。表 4.2 的估计结果表明：信贷热潮与银行脆弱性之间呈现正相关。在所有银行分组的回归结果中，信贷热潮与 z_score 的估计系数均为负值，即信贷热潮期，z_score 下降，银行脆弱性上升。这与戴尔阿里西亚和马奎兹（Dell Ariccia and Marquez, 2006）的结论是一致的。但进一步分析，我们发现大银行样本回归中二者之间的影响系数并不显著。这一结果可能有以下几个原因：一是我国长期以来形成的四大国有商业银行的主导地位。使得他们的贷款对象相对中小银行来说更为优质，违约风险更小，即使在信贷热潮期，银行面临的风险仍然可控。二是大银行自身的规模优势明显，经营方式多样，渠道广泛，而且拥有一流的管理和经营团队，风险管理水平高。这些使大银行的脆弱性对信贷热潮的反应并不敏感。相反中小银行由于缺乏这些优势，对信贷热潮反应敏感，脆弱性攀升。

（2）经济虚拟化发展对银行脆弱性的影响。经济虚拟化发展与银行脆弱性是正相关的，表 4.2 显示 ft 与 z_score 负向相关，即经济越是虚拟化，银行体系稳健性越是下滑，脆弱性问题凸显。而成思危（1999）通过理论分析认为虚拟经济是一把"双刃剑"，同时，具有正向和负向功能。在经济虚拟化初期，股票、债券、基金等市场的适度发展对降低银行脆弱性是有利的，而且推动了经济发展。我国出现相反情形，主要是由于近些年资本市场发展迅速，而相应的法律规范及成熟监管并不到位，致使其发展过程中存在很多问题，没有很好地起到分担商业银行资本配置的压力。在虚拟化后期，ft 与 z_score 的负向关系显现。这与刘骏民（2009）提出的"经济的虚拟化为当代世界经济埋下了金融危机的种子"观点一致。进一步分析发现，在大银行子样本回归结果中 ft 与 z_score 正向相关，这主要是由于大银行拥有优质高效的管理监督团队及有效的风险分散渠道，从而导致其风险偏小。

（3）银行集中度对脆弱性的影响。由表 4.2 可知，银行集中度与脆弱性呈正相关，本书的实证分析结果支持了"集中脆弱论"。这与莎克和斯卡克（Schaeck and Cikak，2007），思德莫诺等（Soedarmono et al.，2013）的实证分析结论一致。这主要是由于：一是银行集中虽然能够带来垄断收益，但同时集中也提高了利率，这增加了借款人的逆向选择概率，使银行资产质量恶化。二是大银行虽然更容易实现分散化，但分散化也同时降低了银行的管理效率，而且同时加大了监管难度。此外，L. z_score 的估计系数显示，银行脆弱性具有明显的持续惯性，这一点在每个银行分组中都能得到体现。

（4）信贷占比对银行脆弱性的影响。表 4.2 的估计结果显示：信贷占比与银行脆弱性为正相关，即信贷增长越快，银行脆弱性越高。这与斯哈克和昆特·德米库克等（Cihak and Demirguc – Kunt et al.，2012），艾娃莎娜（Ivashina，2010）的研究一致。这主要是由于信贷繁荣时，会形成对未来收入及资产价格的乐观预期，从而加剧信贷繁荣及其持续，且繁荣期银行在选择策略时倾向于降低贷款标准，这一反应策略成为信贷繁荣提升银行脆弱性的内在机制。

（5）宏观经济环境对银行脆弱性的影响。实证结果显示：不同组别的银行，其脆弱性对宏观经济环境的反应并不一致。大型银行中二者呈现显著的正相关，即 gw 越高，z_score 越低，脆弱性越高；而中小银行中二者呈现显著的负相关。这主要是因为：一是经济景气期，大银行形成相对更高的乐观预期，从而面临更大的风险；二是中小银行在风险控制管理上更

加谨慎，即使在经济景气期，仍丝毫未放松对谨慎原则的贯彻。

表 4.2　　　　　　　　　　　模型一估计结果

变量	所有银行		大银行		中小银行	
	估计系数	t 统计量	估计系数	t 统计量	估计系数	t 统计量
L. z_score	0.910 ***	(35.27)	0.438 ***	(26.26)	0.872 ***	(29.02)
lnasset	7.850 ***	(24.51)	−16.51	(−1.26)	21.29 **	(2.52)
cr4	−314.4 ***	(−37.17)	−22.48	(−0.60)	−382.2 ***	(−29.90)
gw	1.508 **	(2.13)	−2.536 **	(−2.47)	2.135 **	(2.26)
bcp	−2.130 ***	(−4.91)	0.283	(1.23)	−2.686 ***	(−4.66)
ft	−7.983 ***	(−5.18)	0.546	(0.86)	−11.76 ***	(−5.14)
duration	−10.57 *	(−1.76)	−3.943	(−0.93)	−20.88 ***	(−14.12)
_cons	116.5 ***	(13.96)	280.6	(1.54)	−206.8 ***	(−14.37)
N	751		104		647	
AR（1）	0.4283		0.0879		0.0162	
AR（2）	0.4509		0.2951		0.4851	
Sargan	0.1580		1.0000		0.5605	

注：括号中的数值为 t 统计量，*、**、*** 分别为 $p < 0.1$，$p < 0.05$，$p < 0.01$。

4.1.3.2　模型二的估计结果与分析

模型二的估计结果如表 4.3 所示，表中显示扰动项差分序列二阶自相关的 Abond 检验及工具变量过度识别问题的 Sargan 检验均满足，表明本书采用的系统 GMM 估计算法合理可用。

首先，银行集中度对脆弱性依然呈现正相关，其与信贷热潮的交叉项对脆弱性的影响仍是正相关，这表明银行集中度对脆弱性的影响方向固定，即使在信贷热潮的经济环境下这一影响仍然稳健。这一结论与已通过相关实证验证的"集中脆弱论"一致。信贷热潮期集中度对脆弱性的影响为正，可能的原因有：热潮期加剧了银行业竞争，在信贷市场普遍存在信息不对称的情形下，银行倾向于降低贷款发放条件，这为银行资产质量带来隐患，增加银行面临的不确定性。这与博伊德和德尼科洛（Boyd and De Nicolo，2003）的实证分析结论一致。

其次，信贷占比指标 bcp 对银行脆弱性的影响呈正相关，且其与信贷热潮的交叉项对脆弱性的影响依然为正相关。这表明加入其他变量并未改变信贷占比对银行脆弱性的影响，且热潮期更加剧了这一影响，对银行稳健经营带来隐患。伴随时间的推移，倾向于提升银行脆弱性。这与戴尔阿里西亚和马奎兹（Dell Ariccia and Marquez，2006）的研究结论一致。由此表明：银行部门提供的贷款额增长越快，信贷热潮持续越长，银行脆弱性越发突出。进一步分析，大银行样本中二者的正向关系并不显著，可能由于大银行经营的各种优势，例如，优质资产、隐性担保等使二者之间的反应并不敏感。

再其次，经济虚拟化与银行脆弱性呈正相关，这表明其他变量的加入，并未改变经济虚拟化发展对银行脆弱性的影响方向。然而，表 4.3 显示，经济虚拟化度与信贷热潮的交叉项对银行脆弱性呈负相关，这表明信贷热潮期间经济虚拟化发展有利于弱化热潮对银行脆弱性的负面影响。伴随信贷热潮的推进，房地产、股票、基金、债券等市场的发展倾向降低银行脆弱性。这主要是因为房地产、股票、基金、债券等虚拟资产的发展可以对实体经济的发展起到一个缓冲的保护带作用，使银行资产质量得到隐形的保障，从而降低银行脆弱性。

最后，在模型一与模型二中，控制变量 GDP 增长率 gw 对银行脆弱性有显著影响，说明银行体系脆弱性与宏观经济环境密切相关，但不同分组中该影响并非一致。这表明 GDP 增长率 gw 对银行脆弱性的影响与银行自身微观特征相关。所有银行分组中 GDP 增长率 gw 对银行脆弱性呈负向影响，说明良好的经济运行环境有利于银行的稳健经营行为的持续。在大银行分组中，GDP 增长率 gw 对银行脆弱性呈正向影响，这主要是由于经济景气期，大银行形成相对更高的乐观预期，从而倾向面临更大的风险。

表 4.3　　　　　　　　　　　　模型二估计结果

变量	所有银行		大银行		中小银行	
	估计系数	t 统计量	估计系数	t 统计量	估计系数	t 统计量
L. z_score	8.491	（1.28）	0.372 ***	（4.48）	0.673 ***	（22.67）
lnasset	8.334 ***	（15.79）	-54.34	（-0.98）	19.37 ***	（15.64）
cr4	-34.66 ***	（-24.89）	-22.20	（-1.35）	-43.09 ***	（-34.94）
gw	1.015 ***	（10.82）	-1.477 **	（-2.17）	0.137	（1.47）

变量	所有银行		大银行		中小银行	
	估计系数	t 统计量	估计系数	t 统计量	估计系数	t 统计量
bcp	− 1.502 ***	（− 14.11）	0.963	（1.48）	− 2.342 ***	（− 25.64）
ft	− 7.545 ***	（− 18.19）	0.0669	（0.05）	− 13.05 ***	（− 44.41）
duration	− 433.909 ***	（− 39.41）	− 360.502	（− 1.06）	− 674.169 ***	（− 27.39）
duration_cr4	− 85.50 ***	（− 37.59）	− 34.93	（− 1.40）	− 112.44 ***	（− 15.20）
bcp_duration	− 46.62 ***	（− 37.60）	− 19.88	（− 1.38）	− 60.55 ***	（− 14.84）
duration_ft	1.852 ***	（12.87）	2.887 ***	（4.55）	2.973 ***	（11.30）
_cons	187.7 ***	（19.71）	844.6	（1.05）	− 165.0 ***	（− 10.42）
N	751		104		647	
AR（1）	0.5506		0.0134		0.1130	
AR（2）	0.3164		0.7092		0.3698	
Sargan	0.1954		1.0000		0.5174	

注：括号中的数值为 t 统计量，* 、** 、*** 分为别 $p < 0.1$，$p < 0.05$，$p < 0.01$。

以上实证结果表明：信贷热潮会通过银行市场结构、信贷占比以及经济虚拟化度对银行脆弱性施以影响。在热潮期间，较高的集中度、较高的信贷占比以及较低的经济虚拟化度均会提升我国银行体系的脆弱性。这对银行自身的经营管理及监管部门的有效监管提出警示。

4.1.3.3　稳健性估计

本章采用银行稳健性的另一计算公式[①]对模型一和模型二估计结果进行稳健性分析，受篇幅所限仅列示模型二的稳健性分析结果。

表4.4 显示，信贷热潮与银行集中度、信贷占比的交叉变量对银行脆弱性的影响均呈正相关，与经济虚拟化度的交叉变量呈负相关。这与模型二的估计结果相同，表明模型二的估计结果是具有稳健性的，结论可靠。进一步分析，我们发现大银行分组估计结果显示三个交叉项变量对银行脆弱性的影响均不显著，表明我国大银行经营受信贷热潮的影响较小，且其

---

① 借鉴贝克和昆特·德米库克等（Beck and Demirgü Kunt et al.，2010）的方法，$z = \dfrac{roa + equity/assets}{\sigma(roa)}$，该指标计算方法在国际上已广泛被使用。

在经营过程中很小概率能做到随时调整自身经营策略。而中小银行的反应则不同，他们在面临外部环境变化时，能够及时快速调整自身的经营策略。

表 4.4　　　　　　　　　　　稳健性估计结果

变量	所有银行		大银行		中小银行	
	估计系数	t 统计量	估计系数	t 统计量	估计系数	t 统计量
L. z_scorenew	0.618 ***	(79.79)	0.853 ***	(6.16)	0.530 ***	(21.66)
lnasset	0.0666 ***	(5.88)	1.254	(1.48)	0.180 ***	(7.59)
cr4	−0.873 ***	(−9.59)	2.519	(0.66)	−2.461 ***	(−4.00)
gw	−0.0370 ***	(−2.61)	−0.0138	(−0.01)	−0.0590 ***	(−10.98)
bcp	−0.0518	(−0.54)	−0.0154 *	(−1.66)	−0.0132 ***	(−3.88)
ft	−0.0103 ***	(−2.60)	0.0125	(0.30)	−0.0418 ***	(−11.07)
Duration	−35.83 **	(−2.28)	−47.27	(−0.45)	−31.04 **	(−2.16)
cr4_duration	−17.39 **	(−2.44)	−16.22	(−0.06)	−35.90 ***	(−5.93)
bcp_duration	−0.0976 **	(−2.50)	−0.0872	(−0.06)	−1.969 ***	(−5.96)
ft_duration	0.624 **	(2.47)	0.552	(0.06)	12.82 ***	(5.95)
_cons	0.106	(0.69)	−16.64	(−1.25)	4.130 ***	(10.55)
N	751		104		647	
AR（1）	0.0019		0.0223		0.0064	
AR（2）	0.9781		0.3625		0.5821	
Sargan	0.1202		1.0000		0.3880	

注：括号中的数值为 t 统计量，* 、** 、*** 分别 p < 0.1，p < 0.05，p < 0.01。

4.2　信贷规模、资产价格波动与银行脆弱性

银行脆弱性与资产价格之间的关系一直深受各国学术及实践领域的广泛关注，二者联系的重要渠道之一是信贷，即经济景气期形成的异常繁荣的信贷扩张和经济衰退期出现的大规模信贷收缩。回顾世界经济发展历史，1929 年发生在美国华尔街的股市大崩溃、20 世纪 80 年代日本由泡沫

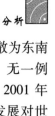

经济破裂引发的经济长期萧条、1997年始于泰国泰铢贬值而后扩散为东南亚的金融危机以及2007年由美国次贷危机引发的全球金融危机，无一例外，均伴随着资产价格大幅波动及信贷规模的剧烈变动。我国自2001年加入WTO至今，已成为世界第二大经济体，这表明我国经济的发展对世界各国的发展可以起到越来越大的带动作用，但同时我国的发展也愈发地依赖世界各国，即国际经济环境对我国经济发展的影响愈发显著。例如，2007年美国次贷危机爆发后，各国均采取宽松的刺激政策，在宽松一边倒的国际经济环境下，我国政府为尽可能减少这场危机带来的损失，不得不采取同样的宽松政策，致使我国信贷规模及货币供应量M2呈现出阶跃式增长。从具体的数字来看，2009年1月~2014年3月，我国金融机构境内各项贷款余额达到72万亿元。危机发生后，2009年全年的新增境内各项贷款达到9.63万亿元，而危机前的2007年全年新增贷款为3.64万亿元，前者为后者的几乎3倍①。与此同时，资产价格尤其是房地产市场经历了相当幅度的上涨。那么这种银行信贷的剧烈增长和资产价格的大幅上涨对我国的银行稳定（银行脆弱性）会有影响吗？其影响渠道是什么？这正是本小节试图探讨的问题。

国内外已有的关于信贷规模、资产价格波动与金融脆弱性关系的研究文献，大多数学者采用Granger因果分析和预测方差分解方法等来分析三者之间的因果关系及对脉冲的响应函数。但事实上，这些方法都有一定的使用局限。首先，Granger因果分析的结果依赖于对滞后期的选择，选择不同的滞后期会有不同的分析结论，而且不能给出同期变量之间的因果关系。方差分解技术往往采用乔利斯基（Cholesky）分解技术来得到正交的误差项，但该方法依赖于变量排序，变量排列顺序的改变将会影响到脉冲响应函数。为有效解决以上问题，皮埃尔（Pearl，1995）、斯珀莱特和葛莱默尔等（Spirtes and Glymour et al.，2000）提出有向无环图（DAG）的分析方法。该方法无需添加任何先验信息或假设条件，仅仅通过分析扰动项的方差协方差矩阵，即可有效识别扰动项的同期因果关系，从而能够客观确定扰动项的具体结构形式，避免缺乏依据的主观判断。目前，这一方法被国内外学者越来越多地运用到经济领域的各项研究中。鉴于此，本小节尝试在已有研究基础上，结合有向无环图方法，研究我国信贷规模、资产价格波动与银行脆弱性间的同期因果关系，并进一步分析信贷规模、资

---

① 资料来源：国家统计局各年统计年鉴。

产价格波动与银行脆弱性三者的相互影响。

4.2.1 研究设计与数据说明

研究设计主要包括：SVAR 与识别问题和 DAG 方法的原理分析两部分，此外，对本实证研究中使用的数据进行了说明。

4.2.1.1 SVAR 与有向无环图（DAG）

（1）SVAR 与识别问题。20 世纪 70 年代之前，宏观经济计量分析的数据描述、模型预测、结构推断以及政策分析四大任务一般由传统大型联立方程模型承担。到了 70 年代后期，联立方程模型受到计量经济学家的批评，尤其是自"卢卡斯批评"以来，这些大型联立方程模型开始逐步被计量经济学家抛弃。在这种情况下，西蒙斯（Sims，1980）提出了新的宏观计量分析架构——向量自回归（VAR）模型，也称简化型 VAR（Reduced-form VAR，对应于后文的结构型 VAR）。简化型 VAR 以被解释变量的滞后项作为解释变量，这种将动态性特征纳入考虑范围的方法与时间序列分析一致，可以大大提高预测精度：

$$Y_t = A(L)X_t + U_t$$
$$E(U_t) = 0, \ E(U_t U_t') = \sum{}_u \tag{4.4}$$

在式（4.4）中，$Y_t = (y_{1t}, \ y_{2t}, \ \cdots, \ y_{nt})'$，$X_t = Y_{t-1}$，L 是滞后算子，$A(L)$ 是滞后算子多项式矩阵，且满足的根都在单位圆之外，$\sum{}_u$ 是非对角元素不全为 0 的方差协方差矩阵。VAR 的平稳性要求式（4.5）的根都在单位圆之外：

$$|I_n - A(z)z| = 0 \tag{4.5}$$

除了精准的预测之外，VAR 模型的经典应用是脉冲响应分析，相应的，其误差项也经常被称之为新息（innovation），意为外生信息。然而，其各个方程的误差项是自相关的，无法区分出单个变量"纯粹"的外生新息冲击。虽然西蒙斯提出了可以通过 cholesky 分解得到正交的新息向量，但这种分解方法的有效性依赖于变量之间 wold 因果链的确定。当模型中变量的排序与 wold 因果链不一致或变量之间不存在 wold 因果链时，cholesky 分解的基础就被瓦解了。此外，库利和勒罗伊（Cooley and LeRoy，1985）等人批判无约束的简化型 VAR 本身并不能直接观测到系统内变量之间的关系，各个方程中并不包含变量之间当期的关系结构，结构推断变得困难。正是基于这些问题的存在，西蒙斯（Sims，1986）以及伯南克（Bernanke，1986）等在 VAR 模型的基础上提出了 SVAR（Structural VAR，结构型 VAR）模型：

$$A_0^* Y_t = A^*(L)X_t + \varepsilon_t$$
$$E(\varepsilon_t) = 0, \ E(\varepsilon_t \varepsilon_t') = \Omega_\varepsilon \tag{4.6}$$

在式（4.6）中，A_0^* 是变量当期的系数矩阵，$A^*(L)$ 是滞后算子多项式矩阵，新息向量 ε_t 的方差协方差矩阵 Ω_ε 是对角矩阵。SVAR 假设模型中各方程的新息项相互独立，这样就可方便地研究每个方程外生新息冲击的脉冲响应函数。将 Ω_ε 的对角元素标准化为1，可得到与式（4.6）等价的 SVAR 模型[①]：

$$A_0 Y_t = A_n(L)X_t + v_t$$
$$E(v_t) = 0, \ E(v_t v_t') = I_v \tag{4.7}$$

比较式（4.4）、式（4.7）可以发现，式（4.7）通过如下变换，可写成式（4.4）的形式：

$$Y_t = A_0^{-1} A_n(L)X_t + A_0^{-1} v_t$$
$$= A(L)X_t + U_t \tag{4.8}$$

因而，在式（4.7）中系数多项式矩阵 $A_0^{-1} A_n(L) = A(L)$ 需满足式（4.5）的根都在单位圆之外的平稳性要求，且 $A_n(L)$ 与 $A(L)$ 的多项式次数相同，$U_t = A_0^{-1} v_t$。可见，对于同一个数据生成过程（DGP）Y_t，可同时有简化型 VAR 和 SVAR 两类建模方式。两类模型最大的区别在于，SVAR 可以很方便地进行变量之间的结构推断分析，经济含义更明确、丰富。

SVAR 在模型设定时虽强调了对外生冲击的识别，但是却又将识别问题引入到参数估计里面。对于无约束的简化型 VAR，不存在解释变量与新息项的相关问题，可以对模型中每个方程逐一用最小二乘法进行估计，估计参数具有渐进有效性和一致性，因而无约束的简化型 VAR 系统是一个恰好识别系统。比较式（4.4）和式（4.7）可知，SVAR 系统对 v_t 的方差协方差矩阵进行了约束（因是对称矩阵，施加了共计 $n(n+1)/2$ 个约束）；同时比简化型 VAR 多了一个参数矩阵 A_0，多了 n^2 个待估计参数。

---

① VAR 系数标准化（Normalization）的详细了解可参阅汉密尔顿和瓦格纳等（Hamilton and Waggoner et al.，2007）。

根据罗滕伯格（Rothenberg, 1971），方程识别的阶条件（order condition）要求方程的约束个数不少于待估计参数的个数。该阶条件是识别的必要条件，根据这个条件，识别式（4.7）的 SVAR 系统至少还需要 $n^2 - n(n+1)/2 = n(n-1)/2$ 个约束。因此，在 SVAR 模型被提出以后，出现了大量文献探讨 SVAR 的识别问题。观察式（4.8），对于这类 SVAR 模型，只需能够识别 A_0 矩阵的参数即可。因而，该模型识别问题可从 $U_t = A_0^{-1} v_t$ 的角度来认识。$E(U_t U_t') = A_0^{-1}(A_0)' = \sum_u = PP'$，因而，选择 $\sum_u$ 的一个合适的正交分解矩阵，令 $A_0^{-1} = P$ 即可得到 A_0 矩阵。前文提到的 cholesky 分解方法就是选择恰当的 P，使 SVAR 模型变换为递归模型（recursive model），即第 i 个方程的解释变量包含前面第 1，…，i - 1 个被解释变量的当期值和全部变量的滞后值，第 1 个方程的解释变量只有全部变量的滞后值，从而第 i 个方程的新息项只影响第 i 个变量，实现了 SVAR 关于新息项之间不相关的假定。这种分解方法本质上对 SVAR 模型施加了 wold 因果链约束，当变换变量的顺序后，P 矩阵也随之变换，被不少计量经济学家批判为"由研究人员任意依据'自以为是的经济理论'排序来决定结果"的方法。DAG 方法为这个问题提供了一个非常好的解决途径。

（2）DAG 方法原理分析。变量两两之间的因果关系构成了变量的因果结构。DAG 方法从概率理论出发，运用变量之间的条件独立原理来搜索判断两两变量之间的当期因果关系，建立变量间直接控制的模型并最终得到因果结构图。

为了较为完整地描述这个理论，首先介绍如下基本定义。

节点：表示一个变量，如图 4.2（a）中的 A、B、C、D、E。

边：连接节点的边，表示被连接的 2 个变量间存在因果关系，分为有向边和无向边。有箭头指向的有向边可明确表示节点之间的因果。当全部边都是有向边时，因果图揭示了图中所有变量之间的因果关系结构，如图 4.2（a），有向边 A→B 表示 A 导致 B，图 4.2（b）无向边 D － E 表示 D、E 间存在因果关系，但是指向不明。

父/子节点：有向边的起源节点称为父节点，指向节点称为子节点，在 A→B 中，A 为父节点，B 为子节点。

路径：两个节点之间的因果链，分为有向路径和无向路径。如图 4.2（a）中 A、E 之间有向路径 A→B→E 和无向路径 A→B←C→E 两个路径。在有向路径中，起源节点称为祖先节点，其他节点称为其子孙节点。

无盾相遇点（unshielded collider）：三个相邻节点被两条边相连，一个节点同时是另外两个节点的子节点，且两个父节点之间无直接相连的边，则该节点被称为无盾相遇点，这种结构被称为反叉因果结构。如在图 4.2（a）中的 A→B←C，此时 A、C 之间没有直接相连的边，则 B 是一个无盾相遇点。

环：由子孙节点到祖先节点的有向路径，称之为环。图 4.2（c）中 C→B→E→C 形成了一个环。在 DAG 中，明确假定研究变量之间不存在环状因果链。

概略图：只有节点和无向边的图，称为概略图，概略图是无向图。图 4.2（a）的概略图如图 4.2（b）所示。

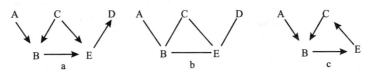

图 4.2 有向无环图、概略图（无向图）和有环图

DAG 是一类无环的有向图，变量间是单向控制关系，DAG 所描述的因果结构是递归类型的因果结构。图 4.2（a）图所描述的因果结构，可由矩阵形式表述如下（下面矩阵中 × 表示非 0 元素）：

$$
A_0 = \begin{bmatrix} 1 & 0 & 0 & 0 & 0 \\ \times & 1 & \times & 0 & 0 \\ 0 & 0 & 1 & 0 & 0 \\ 0 & 0 & 0 & 1 & \times \\ 0 & \times & \times & 0 & 1 \end{bmatrix}, \quad Y = \begin{bmatrix} A \\ B \\ C \\ D \\ E \end{bmatrix}
$$

这个矩阵关系看似描述的不是下三角的递归因果结构，但是通过恰当的变量排序，如 A、C、B、E、D，则可以写成下三角矩阵形式的因果结构：

$$
A_0 = \begin{bmatrix} 1 & 0 & 0 & 0 & 0 \\ 0 & 1 & 0 & 0 & 0 \\ \times & \times & 1 & 0 & 0 \\ 0 & \times & \times & 1 & 0 \\ 0 & 0 & 0 & \times & 1 \end{bmatrix}, \quad Y = \begin{bmatrix} A \\ C \\ B \\ E \\ D \end{bmatrix}
$$

DAG 图和矩阵 A_0 都描述了变量集 Y 之间的因果结构，变量间两两是否存在因果关系可由变量之间的条件独立性确定。格兰杰（Granger）是较早将条件独立性引入因果分析领域的学者，他指出在给定滞后阶数 p 如果下式成立，则 $\{x_t\}$ 不是 $\{y_t\}$ 的格兰杰原因：

$$y_{t+1} \perp (x_t, x_{t-1}, \cdots, x_{t-p}) \mid (y_t, y_{t-1}, \cdots, y_{t-p}; z_t, z_{t-1}, \cdots, z_{t-p})$$

$$(4.9)$$

$\{z_t\}$ 是其他解释 $\{y_t\}$ 的变量，$y \perp x \mid (y, z)$ 表示在 (y, z) 条件下，y 独立于 x。这样将变量之间的条件独立性运用到了推断变量因果结构的领域。M 信息集在条件信息集 O 下与信息集 N 独立，记作 $M \perp N \mid O$，有下式成立：

$$M \perp N \mid O \quad \text{iff} \quad P(M \mid N, O) = P(M \mid O) \tag{4.10}$$

在式（4.10）中，iff 表示当且仅当，在满足下文中的因果忠实条件下，其含义是，一旦知道了信息集 O 后，则信息集 N 对于了解信息集 M 不能提供任何多余的信息。

DAG 方法是基于变量集间 D - 分离（directionally separate）情形中的条件独立性来判断变量之间的因果关系。拜斯勒和王（Bessler and Wang, 2012）、克望和拜斯勒（Kwon and Bessler, 2011）指出，在 DAG 图中，两个节点 X、Y 被 D - 分离是指两节点之间的任何路径都被一个子集 O 所阻断。一条路径被 O 子集 D - 分离，当且仅当：

该路径中包含（1）因果链：X→Z→Y、X←Z←Y 或（2）因果叉：X←Z→Y 时，中间节点 Z 在子集 O 中；或该路径中包含（3）反叉因果结构：X→Z←Y 时，中间节点 Z 及其子孙节点不在子集 O 中。如果 X、Y 间无直接相连边，则 Z 是一个无盾相遇点。

在图 4.2（a）中，路径 A→B→E→D 被 $\{B, E\}$ 子集 D - 分离，而路径 A→B←C→E→D 被 $\{C, E\}$ 子集 D - 分离。D - 分离构成 DAG 图中条件独立性分析的基础：其一，相关的变量被 D - 分离后，在分离集 O 条件下独立；其二，在反叉因果结构中，相互独立的变量在无盾相遇点件下变得相关。皮埃尔（Pearl, 2000）指出，D - 分离具备上述推断因果的性质，需要满足两个条件：Markov 因果条件和因果忠实（faithfull）条件。为方便描述这两个条件，用 $Y_i = f(YI_i, u_i)$ 来代表变量集 Y 第 i 个变量的方程，YI_i 是 Y_i 解释变量，u_i 是误差项。

Markov 因果条件：G 是关于变量集 Y 的因果图，P 是 Y 的概率分布函数。W 是 Y 的子集。当且仅当 Y 中的每个子集 W 与不包含其子孙节点变量的子集，在其祖先节点变量集的条件下相互独立时，G、P 满足 Markov 因果条件。Markov 因果条件包含两方面的内容，一是变量之间不存在互为因果的关系结构，即因果图中不存在环；二是所有变量间的公共原因都包含在因果图中，确保 u_i 之间相互独立，这点也被称为因果充分条件（causal sufficient）。

因果忠实条件：当 $Y_i = f(A_i, u_i)$ 中参数发生变化时，变量集 Y 中的因果关系结构不随之改变，称为因果忠实条件。因果忠实条件表明变量之间内含的因果关系结构是稳定的，可以用不标示参数的因果图来描述变量之间的因果结构。

在满足 Markov 因果条件下，意味着在 D – 分离的情形（1）和（2）中，将 Z 视为祖先节点变量集，X、Y 在条件 Z 下相互独立。在因果叉中 X←Z→Y 中，无论 X、Y 之间是否有边直接连接，Z 都被称为 X、Y 的公共原因（common cause）。因果结构还可以在变量相互独立情况下推断条件非独立。在 D – 分离的情形（3）中，满足 Markov 因果条件下，X、Y 是独立的，加上因果忠实条件则可推断 X、Y 在条件 Z 下是相关的。原因在于，X、Y 都是导致 Z 的因素，当 X 因素的影响参数变弱时，则由 Y 导致 Z 的概率会增加，由此可见，X、Y 在条件 Z 下是相关的，因果忠实条件保证了参数变化下这种因果关系的稳定性。因此，D – 分离中的情形（1）和（2），满足 $X \perp Y | Z$；而在情形（3）下，满足 $X \not\perp Y | Z$（$\not\perp$ 表示非独立）。当因果图中存在环时，如图 4.2（c）中，A→B←C 构成无盾相遇点下的反叉因果结构，C 节点与 A 节点（不包含 C 的子孙节点）在条件 B（C 的祖先节点）下并不独立，因此，不满足 Markov 因果条件。

无盾相遇点因其在条件独立性方面表现出区别于其他两种 D – 分离情形的特性，因而是搜索两个变量之间因果关系的关键。图 4.2（a）中存在 1 个无盾相遇点，B 点在 A→B←C 中。

前文阐述的是 DAG 方法的基本原理。利用上述基本原理，再结合目前常用的 PC 搜索算法即可在一组符合 Markov 因果条件和因果忠实条件的变量中搜索因果关系，得到因果结构。PC 算法按照 D – 分离的三种情形，一般分以下三步进行搜索，假定数据生成过程 DGP 如图 4.2 所描述，以此为例阐述 PC 搜索算法的基本步骤：

步骤 1：PC 算法第一个步骤假定全部变量两两之间都存在因果关系，形成一个完整的无向图。

步骤 2：先检验 2 个变量之间无条件独立性，再检验是否为因果链和因果叉情形，得到无向的因果概略图。通过检验变量无条件独立性，删除相互独立变量之间的无向边如图 4.2（a）中 AC 之间的无向边会被删除；

后者检验变量之间的条件独立性，删除条件独立的变量之间的无向边，即排除 D – 分离结构的因果链和因果叉中被检验的 2 个变量之间直接相连的情况。如图 4.2 (a) 中 A、E 在条件 B 下独立，A、D 在条件 B、E 下独立，C、D 和 B、D 在条件 E 下均独立，则 AE、AD、CD、BD 间的无向边将被删除。完成第二个步骤就得到了因果图的概略图，如图 4.2 (b) 所示。

步骤 3：是对概略图中的无向边进行定向，这个步骤是复杂的，需要结合统计检验、逻辑推理、预先假设等方面的知识进行综合考虑。思路是先利用无盾相遇点的性质得到部分定向的 DAG 图，再对图中其他未定向的边进行分析，具体可参阅皮埃尔（Pearl，2000）。

4.2.1.2　数据说明

我国自 1998 年开始取消信贷规模的计划管理模式，住房商品化改革也在 1998 年开始施行，考虑到政策执行的滞后性，本书研究样本区间为 1999 年 1 月 ~2014 年 3 月。在实证分析过程中，依据明斯基的"金融不稳定假说"，经济繁荣期，信贷快速扩张，资产价格急剧膨胀，银行风险积累；经济下降期情况却相反。即信贷、资产价格的变动可以在一定程度上影响金融系统的稳定性，而且金融系统稳定与否会对信贷与资产价格有反馈响应。因此，在本书研究中涉及的变量有我国信贷额、房地产价格和银行风险，其代理变量依次为金融机构境内各项贷款增长率（Cregw）、国房景气指数（Estate）和银行脆弱性指数（Zsore）。本书使用的各项银行数据来源于中经网统计数据库和 CCER 经济金融数据库。为消除季节因素，本书用 X13 – ARIMA – SEATS 软件对数据进行了季节调整。

4.2.2　实证结果与分析

依据以上研究设计，本书从以下几方面进行实证分析：第一，对变量间的平稳性进行检验；第二，验证变量间的协整关系；第三，进行 DAG 同期因果分析与 SVAR 模型的识别；第四，对预测误差方差进行分解。

4.2.2.1　变量平稳性检验

在时间序列分析中，非平稳变量会导致伪回归现象，因而对变量进行单位根检验是必要的。本书采用了较为常见的 ADF、KPSS 和 PP 三种方法进行检验，结果如表 4.5 所示。

表 4.5　　　　　　　　　　　变量单位根检验结果

变量	ADF		KPSS		PP	
	ADF 统计量	P 值	KPSS 统计量	P 值	PP 统计量	P 值
Zscore	-11.72	0.00	1.21	0.42	-11.72	0.00
Estate	-2.75	0.23	0.21	0.03	-2.58	0.29
Cregw	-2.31	0.13	0.64	0.05	-2.31	0.17

从表 4.5 中可以观察到，三种单位根检验方法的结论是一致的。Zscore 是一个平稳的数据变量，Estate 和 Cregw 都是非平稳的数据变量。与本书实证过程采用 VAR 模型进行分析，因而有必要检验变量之间的协整关系。

4.2.2.2　变量间的协整检验

对上述三个变量建立无约束 VAR 模型，根据 AIC 和 SC 信息准则，选择 VAR 模型的滞后期为 2，并进行协整关系检验。检验结果如表 4.6 所示。

表 4.6　　　　　　　　　　　协整检验结果

原假设：协整向量个数（r）	特征值	迹统计量	P 值
r = 0	0.30	76.75	0.00
r ≤ 1 *	0.05	13.63	0.12
r ≤ 2	0.02	4.36	0.03

注：*表示协整向量个数的选择。

从表中检验结果可以知道，VAR 模型在数据空间带有时间趋势项时，存在一个协整向量。

4.2.2.3　DAG 同期因果与 SVAR 模型的识别

由于变量之间存在协整关系，因而，可以用原变量建立 VAR 模型，根据 AIC、SC、HQ 信息准则，滞后期选择 7 期。令 X = (Cregw，Estate，

Zscore)′，通过对 VAR 模型的估计，得到下述结果①：

$$X_t = \sum_n A_n X_{t-n} + U_t, \quad n = 1, 2, \cdots, 7 \tag{4.11}$$

Cregw Estate Zscore

$$M = U_t U_t' = \begin{bmatrix} 1 & & \\ 0.07 & 1 & \\ -0.62 & -0.38 & 1 \end{bmatrix} \tag{4.12}$$

M 为误差项的相关系数矩阵，VAR 模型的误差项是进行同期因果结构分析的基础，采用 DAG 方法分析信贷、资产、脆弱性之间的同期因果关系。DAG 方法的原理已经在前文进行了详尽说明，本书使用 Tetrad V 软件对数据进行 DAG 分析。根据第三部分 SVAR 识别与 DAG 分析理论可知，三个变量之间的同期因果关系蕴含在 VAR 模型的三个误差项中。首先，将三个变量用三条边连接，如图 4.3（a）所示，代表可能存在的同期因果关系。在 5% 的显著性水平下，检验得到信贷（Cregw）和资产价格（Estate）两个变量是无条件独立的，因而，连接两个变量的因果关系边应该被删掉；其余两条边保留，得到图 4.3（b）的因果概略图。在最后的对各边进行定向的环节，检验发现银行脆弱性指数（Zscore）是一个无盾相遇点。因而，得到图 4.3（c）最终的 DAG 因果结构图，信贷、资产和银行脆弱性之间的同期因果结构为：Cregw→Zscore←Estate。

上述 DAG 的分析结果显示出我国的信贷（Cregw）、资产价格（Estate）和银行脆弱性指数（Zscore）三者的同期因果关系及影响方向。具体来看，信贷（Cregw）和银行脆弱性指数（Zscore）之间存在同期因果关系，而且资产价格（Estate）和银行脆弱性指数（Zscore）之间也存在同期因果关系，但不存在资产价格（Estate）和信贷（Cregw）之间的同期因果关系。以上结果表明，信贷与资产价格均对银行脆弱性有影响，而信贷与资产价格之间不存在同期相互影响。这主要是由于资产价格有其自身的运行规律，外界因素对其影响十分有限。这启示我们对资产价格的调控要遵循其内在规律，通过控制信贷等政策等来调控资产的价格效果十分有限，而且还会影响到银行的稳健经营。

---

① VAR 模型的参数估计结果并非本书关注的重点，本书侧重分析估计结果中的误差项，因而未给出 VAR 模型的估计参数值。

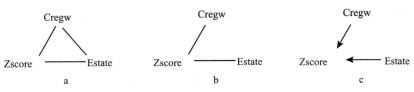

图4.3 有向无环图、概略图（无向图）和有环图

从而，在变量排序为 Cregw、Estate、Zscore 的情况下，对 SVAR 模型进行识别时，式（4.7）中的矩阵 A_0 应该约束为下三角矩阵，且 $a_{21} = 0$，代表 Cregw 与 Estate 无直接因果关系。

最终，估计结果如下：

$$A_0 U_t = v_t, \quad E(v_t v_t') = I \tag{4.13}$$

式（4.13）中 U_t 为式（4.11）的估计结果。其中，

$$\overset{\text{Cregw Estate Zscore}}{A_0} = \begin{bmatrix} a_{11} & 0 & 0 \\ 0 & a_{22} & 0 \\ a_{31} & a_{32} & a_{33} \end{bmatrix} = \begin{bmatrix} \underset{(4.59)}{11.90} & 0 & 0 \\ 0 & \underset{(5.33)}{21.89} & 0 \\ \underset{(4.61)}{9.46} & \underset{(3.91)}{15.01} & \underset{(3.28)}{1.19} \end{bmatrix} \tag{4.14}$$

在式（4.14）中，估计参数下方括号内为 t 值，估计结果显示各参数都通过显著性检验。Cregw、Estate 和 Zscore 之间的同期因果结构可由式（4.13）和式（4.14）表达，并可进一步简化表示为：

$$9.46u_{Cregw} + 15.01u_{Estate} + 1.19u_{Zscore} = v_{Zscore} \tag{4.15}$$

4.2.2.4 预测误差方差分解

预测误差方差分解结果（见表4.7）表明，在预测期第一个月房地产价格不能解释信贷的波动，但对银行脆弱性波动有一定的解释力，同时，信贷不能解释房地产价格的波动，但对银行脆弱性波动的解释高达38.60%。这表明相对于房地产价格，信贷对银行脆弱性的影响效果更快，几乎没有时滞。这与马勇、杨栋和陈雨露（2009）的研究结论是一致的。导致信贷和房地产价格对银行脆弱性影响不同的原因，可能是因为房地产市场资金的高门槛特征，使得其价格变化不能快速得到响应，而信贷的变化则能够快速传导，尤其是向银行部门的传导，几乎不存在滞后。表4.7还显示，伴随预测期的延长，房地产价格对银行脆弱性的波动解释力增强，24 个月后达到17.79%，与信贷规模的解释力相差不到10%。这说明

要确保银行体系运行的稳健性，除了监管银行自身的各项指标外，还需要同时关注信贷规模和房地产价格的波动。

表4.7　　　　　　　　基于DAG的预测误差方差分解　　　　　单位：%

预测周期	Cregw			Estate			Zscore		
	Cregw	Estate	Zscore	Cregw	Estate	Zscore	Cregw	Estate	Zscore
1	100.00	0.00	0.00	0.00	100.00	0.00	38.60	0.29	61.11
2	99.10	0.27	0.63	0.82	99.12	0.06	37.30	2.47	60.23
8	92.42	3.18	4.40	2.12	97.65	0.23	35.43	5.96	58.61
16	81.05	8.26	10.69	3.87	93.48	2.65	32.14	9.61	58.25
24	77.87	9.06	13.07	4.96	90.76	4.28	26.74	17.79	55.47

与此同时，随着预测期的延长，银行脆弱性与房地产价格对信贷规模的波动具有一定的解释力，8个月后分别达到4.40%和3.18%，24个月后达到13.07%和9.06%，表明信贷规模仍然会受到外在冲击的影响，会存在一定程度的滞后。这表明信贷政策会受资产价格和银行脆弱性的影响，我国在制定相关信贷货币政策时可能已经将房地产价格、银行脆弱性等因素纳入考虑范围。

预测误差方差分解结果（见表4.7）也显示，房地产价格对自身波动的解释较大，数据显示，8个月后房地产价格对自身波动的解释力仍高达97.65%，即使在2年（24个月）后，这一解释力仍保持在90%以上。这说明房地产价格的波动主要来源于自身的价格运行机制，尤其是其价格的惯性变动，比如，投机行为等。这与周京奎（2005）的研究是一致的。该研究指出，可支配收入对房地产的价格不存在显著影响，城市房地产价格的攀升，主要是由投机行为推动的。因此，调控房地产价格，避免价格泡沫，需要打破人们的单边升值预期，从而有效减少投机行为的发生。

4.2.3　稳健性分析

为了检验文中通过有向无环图技术（DAG）识别SVAR模型得出的分析结论是否稳健，本书在DAG分析结果的基础上更进一步进行递归的预测方差分解分析。本书在递归分析过程中以1999年1月~2011年3月样本期为基期，进行第一次方差分解分析，再以 1999 年 1 月～2011 年 4 月进行第二次方差分解分析，依次类推直至 1999 年 1 月～2014 年 3 月，并将每次回归分析第 18 期的预测误差方差分解的结果绘与图 4.4。

在图 4.4 中，信贷规模基于 DAG 的递归预测方差分解表明，在 2012 年之前房地产价格对信贷规模波动的影响非常有限，基本维持在 2% 以下，银行脆弱性对信贷规模波动的影响相对较大，但也保持在 10% 左右，我国信贷规模波动的 88% 左右来源于其自身的变动。2012 年 4 月，房地产价格对信贷规模波动的解释力达到 5%，至 2014 年 3 月，接近 9%，而银行脆弱性的解释力仍然有 10% 左右，这说明我国信贷规模的变化主要受其自身变动的影响，但房地产价格的预测功能是不断加强的。这意味着我国的金融信贷政策可能已经将资产价格、银行稳定纳入考虑范围。

房地产价格基于 DAG 的递归预测方差分解表明，在 2011 年 4 月银行脆弱性对房地产价格波动的解释力十分有限，该解释力仅为 1.17%，信贷规模对房地产价格波动的影响仅有 2.26%，房地产价格波动的 96% 左右来源于自身的变动；至 2014 年 3 月，银行脆弱性对房地产价格波动的解释力也仍然只有 3.7%，银行信贷对房地产价格波动的解释力也没有超过 5%。这表明房地产价格变动的主要原因在于其自身的运行机制，比如，非理性的投机行为导致人们形成不合理的预期，致使房地产价格单边上涨。这与姜春海（2005）的研究结论一致。

银行脆弱性基于 DAG 的递归预测方差分解表明，递归期内银行脆弱性受信贷规模影响较大，而受房地产价格影响较小，但都较为稳定。2011 年 4 月，信贷规模对银行脆弱性的解释力为 31.8%，同期房地产价格对银行脆弱性的影响为 11.1%；至 2014 年 3 月，信贷规模对银行脆弱性的解释力仍然稳定在 30% 左右，房地产价格对银行脆弱性的影响基本维持在 10% 左右。而银行脆弱性受其自身影响较大，这一影响稳定在 57% 左右。反映了我国银行脆弱性受自身因素影响较大，同时，也会受到信贷规模及资产价格波动的影响。这一结论与谭政勋和魏琳（2010）的研究结论一致，即信用扩张助推房价上涨，二者带来的冲击从小到大，金融稳定状况将会受到影响。

以上递归分析表明，不同样本期的分析结果并没有发生改变，因此，本书结论具有稳健性。

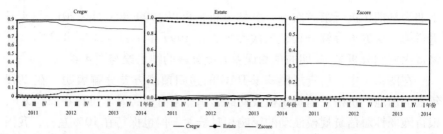

图4.4 信贷规模、资产价格、银行脆弱性的预测误差方差分解

4.3 本章小结

本章主要对信贷变化和资产价格波动对银行脆弱性的影响进行了实证分析，文中4.1节界定并计算了经济虚拟化度、银行信贷热潮指标，选取相关宏观及银行结构等指标，采用105家银行的微观数据实证分析了我国银行脆弱性的影响因素，其中，重点考察分析了经济虚拟化视角下信贷热潮的影响及作用机理。主要结论为：信贷热潮及经济虚拟化发展程度自身对我国银行脆弱性有显著影响，而且信贷热潮还通过银行体系市场结构、银行部门提供的国内信贷占比强化了这一影响；令人欣慰的是，虚拟经济的发展弱化了信贷热潮对银行脆弱性的影响。

在4.2节中，鉴于银行脆弱性的凸显往往与资产价格的持续大幅波动相伴而生，而在这一过程中，银行信贷往往被认为是主要的"驱动力量"。因此，本节同时考虑信贷规模与资产价格波动对金融脆弱性的影响。文中结合最新的有向无环图方法，探究我国信贷规模、资产价格波动与银行脆弱性间的同期因果关系，并进一步分析信贷规模、资产价格波动与银行脆弱性三者的相互影响，结果表明，信贷和银行脆弱性指数之间存在同期因果关系，而且资产价格和银行脆弱性指数之间也存在同期因果关系，但不存在资产价格和信贷之间的同期因果关系。以上结果表明，信贷与资产价格均对银行脆弱性有影响，而信贷与资产价格之间不存在同期相互影响。这主要是由于资产价格有其自身的运行规律，外界因素对其影响十分有限。这启示我们对资产价格的调控要遵循其内在规律，通过控制信贷等政策来调控资产的价格效果十分有限，而且还会影响到银行的稳健经营。

第5章

金融创新、资本监管对银行脆弱性的影响

本章对金融创新、资本监管影响银行脆弱性变化进行了实证分析。2007 年，美国发生的次贷危机，不仅使人们对金融创新促进金融稳定的传统理论观点产生怀疑；也唤醒了对商业银行资本充足性监管讨论的热潮。本章通过对面板数据的实证分析，5.1 节得出金融创新与银行脆弱性之间已经不是简单的二元论断，而是动态变化的关系；5.2 节得出我国商业银行存在资本监管与银行稳定的单一门槛效应，二者是非线性关系。

5.1 金融创新对银行脆弱性影响的实证分析

自 20 世纪六七十年代以来，国际金融领域发生了一系列引人注目的改变，特别是金融自由化趋势和金融创新实践的蓬勃推进。到了八九十年代，伴随全球经济一体化及科学技术的迅猛发展，金融创新俨然发展为全球性的强大浪潮，不仅成为推动金融发展与变革的重要力量，也是推动各国经济发展不可缺少的要素之一，尤其是美、英等发达国家。比如，美国，伴随其金融创新的纵深发展，美国不仅成为当之无愧的国际金融行业发展"领头羊"及方向标，而且也已是目前全世界的头号经济强国，因此，美国完善的金融市场及合理的金融体系恰恰体现了金融创新为各国金融业自身及经济增长带来的无可替代的推动力。然而，2007 年美国发生的次贷危机，在世界范围内不断蔓延与升级，成为自 20 世纪 30 年代经济大萧条以来破坏力最强、持续时间最长的全球经济危机。本次危机区别于以往危机的主要特征是先发生金融危机，后蔓延为经济危机，因此，推动金融业发展壮大的金融创新，将很难不被与这场危机联系起来。这使人们对金融创新促进金融稳定的传统理论观点产生质疑：传统理论片面强调金融

创新对金融稳定的积极作用，而未对金融创新对金融稳定的不利冲击给予足够的重视，事实上，金融创新在规避风险的同时是不是也蕴含着金融不稳定因素的生成，我们应该如何看待金融创新对金融稳定的影响，尤其是对银行稳定的影响，此外，金融创新对银行稳定的影响是固定不变的还是动态变化的，本小节尝试将我国刚刚起步的金融创新和美国已经成熟，或者说过度的金融创新对银行脆弱性的影响进行对比分析。

5.1.1 模型构建与数据说明

本章构建面板数据 A 包括我国 64 家商业银行；面板数据 B 包括金融创新水平较高的美国的 3190 家商业银行及投资银行。

由于数据资料的有限，文章选取 2005～2013 年的我国 64 家商业银行的平行面板数据。其中，包括北京银行、中国工商银行、民生银行等上市银行及广发银行、杭州银行等非上市银行。文中使用的银行数据来源于 Bankscope 数据库、银行年报及 Wind 数据库。由于文章数据的时间跨度较短，仅有 9 年，而采用面板数据的话，可以有效克服数据的时间跨度较少的问题。文章选取 1999～2013 年的美国 3190 家商业银行及投资银行的平行面板数据，其中，包括摩根大通银行、美洲银行、花旗银行、房地美等，相关银行数据均来源于 Bankscope 数据库。文中主要变量的统计性描述如表 5.1 所示。

表 5.1 各变量描述统计

面板 A					
变量名	变量符号	观测值	均值	标准差	最小值	最大值
银行脆弱性	zscore	576	46.4866	46.6254	2.0943	386.9410
资产规模	lnasset	576	11.7544	1.9366	3.9746	16.7556
非利息收入占比	nrp	576	48.0543	23.5255	-13.91	97.3000

面板 B					
变量名	变量符号	观测值	均值	标准差	最小值	最大值
银行脆弱性	zscore	47850	1.8057	2.6707	0.0010	78.4250
资产规模	lnasset	47850	12.5098	1.4824	8.4954	21.6053
非利息收入占比	nrp	47850	18.7602	11.6007	-98.100	185.900

为深入研究金融创新与银行脆弱性的关系，本书借鉴霍尔茨—埃金和纽维等（Holtz - Eakin and Newey et al.，1988）提出的面板 VAR 模型构建了银行脆弱性、金融创新与金融机构资产规模三变量的面板向量自回归模型，即面板 VAR 来实证分析三者相互的动态影响。由于文章数据的时间跨度仅有 9 年，不足以对普通的向量自回归进行估计，而采用面板 VAR 模型的话，可以有效解决这一问题。陈守东和王淼（2011）认为面板 VAR 模型中将所有变量视为内生，从而可以通过正交化—脉冲响应函数分离出一个内生变量的冲击给其他内生变量带来的影响程度，而且它独有的优势是还可以控制个体效应及时间效应的。首先，构建面板 VAR 模型的前提是检验变量的平稳性，只有平稳变量才可避免伪回归的问题，否则需要构建面板协整模型。其次，需要确定面板 VAR 模型的滞后阶数。本书对文章使用的变量进行了平稳性检验，为确保检验的稳健性，文章进行了 LLC、IPS 及 XTFISHER 三种准则的检验，检验结果如表 5.2 所示。文章依据 AIC、SIC 以及 HQIC 准则来确定模型的滞后阶数，滞后阶数选择结果如表 5.3 所示，AIC、SIC 以及 HQIC 准则均显示最优滞后阶数为一阶滞后。因此，本书对面板 A 和面板 B 均构建一阶滞后的面板 VAR 模型。

表 5.2　　　　　　　　　　变量单位根检验结果

变量	面板 A				面板 B			
	LLC 检验		XTFISHE 检验		LLC 检验		XTFISHE 检验	
	统计量值	P 值	统计量值	P 值	统计量值	P 值	统计量值	P 值
zscore	- 72. 299	0. 000	174. 611	0. 004	- 141. 799	0. 000	693. 019	0. 000
nrp	- 44. 693	0. 000	357. 344	0. 000	- 159. 614	0. 000	792. 692	0. 000
lnasset	- 14. 585	0. 000	291. 875	0. 000	- 110. 983	0. 000	840. 576	0. 000

注：在显著性水平 a = 0. 05 时，p < a，原变量平稳。

表 5.3　　　　　　　　面板 VAR 模型滞后阶数选择

滞后阶数	面板 A			面板 B		
	AIC	BIC	HQIC	AIC	BIC	HQIC
1	20. 1105 *	21. 9521 *	20. 8365 *	8. 8695 *	10. 8635 *	9. 4996 *
2	20. 2388	22. 3993	21. 0958	8. 98203	11. 1242	9. 6615

续表

滞后阶数	面板 A			面板 B		
	AIC	BIC	HQIC	AIC	BIC	HQIC
3	20.8272	23.4061	21.857	9.24335	11.5587	9.98075
4	21.8885	25.046	23.1584	9.59304	12.1136	10.3994

注：*为最优滞后阶数。

面板 VAR 模型表达式如下：

$$Y_{i,t} = \alpha_i + \sum_{j=1}^{p} \phi_j Y_{i,t-j} + \beta_t + \varepsilon_{i,t} \tag{5.1}$$

在式（5.1）中，$Y_{i,t}$ 是由 {zscore，nrp，lnasset} 三变量组成的向量，其中，zscore 是银行脆弱性水平的代理变量，其数值越大，表明银行越稳定，脆弱性越小。计算公式借鉴贝克和昆特·德米库克等（Beck and Demirgü Kunt et al.，2010）中提出的 $zscore = \dfrac{\left(roa + \dfrac{equity}{assets}\right)}{sd(roa)}$，其中，roa 为银行资产收益率，$\dfrac{equity}{assets}$ 为银行资本资产比，$sd(roa)$ 为资产收益率的标准差，本书由 3 年移动平均来计算，同时，为了尽可能全面真实地反映样本信息，减少数据的损失，文中对样本期内第一年及最后一年的 $sd(roa)$ 均采用 2 年移动平均。具体来说，2005 年的标准差采用 2005 年和 2006 年两年的移动平均；2013 年的标准差采用 2012 年和 2013 年两年的移动平均；nrp 为非利息收入占比，借鉴马君潞、于红鑫和魏凤春（2007）的做法，将其作为金融创新的代理变量。lnasset 是对银行资产规模的取对数，是银行规模大小的代理变量。α_i 为个体效应，以反映个体的异质性；β_t 为时点效应，以反映不同个体同一时间的共同冲击；$\varepsilon_{i,t}$ 为服从正态分布的随机扰动项；模型中下标 i 表示第 i 个国家，t 表示第 t 年，j 为滞后阶数，本书已通过相关准则确定滞后阶数为一阶最优，因此，本书最终确定的面板 VAR 模型如下：

$$Y_{i,t} = \alpha_i + \phi_1 Y_{i,t-1} + \beta_t + \varepsilon_{i,t} \tag{5.2}$$

5.1.2　实证结果与分析

依据以上模型分析，接下来对模型的实证结果进行分析，主要包括：呈现模型的估计结果；进行脉冲响应与方差分解；给出 Granger 因果检验。

5.1.2.1　模型估计结果

以上构建的面板 VAR 由于具有个体及时点的双重固定效应，若直接进行估计，必然出现估计偏误，因此，通常需要首先消除样本的固定效应。由于面板 VAR 模型中变量与固定效应非独立，因此，我们采用向前均值差分方法来实现对个体固定效应的消除，俄兰诺和波沃（Arellano and Bover, 1995）将这一过程称为"Helmert"过程；采用组内均值差分消除时点固定效应，接下来，我们就可以通过将滞后变量作为工具变量，对模型进行系统 GMM 估计，估计结果列示在表5.4 中。

根据表 5.4 的估计，在我国，滞后一期的金融创新对银行脆弱性在 1% 的水平上存在显著的正向影响，表明我国 2005 年以来的金融创新有助于改善银行体系的脆弱性水平；但美国银行的估计结果与此相反，滞后一期的金融创新对银行脆弱性在 1% 的水平上存在显著的负向影响，表明美国金融创新对此次次贷危机中凸显的银行脆弱性水平有显著地推动作用，因此，金融创新究竟是助长还是抑制银行脆弱性，需要我们区分对待；滞后一期的银行机构资产规模对银行脆弱性水平，无论在我国还是美国，均在 1% 的水平上存在显著的正向影响，表明资产规模的提升可以显著降低银行的脆弱性水平；滞后一期的银行脆弱性水平对银行脆弱性的影响，无论在美国还是我国，均存在显著的正向影响，表明银行脆弱性水平具有一定的惯性。此外，在我国，银行脆弱性水平对金融创新在 10% 水平上存在显著的正向影响，表明 zscore 数值越大，即银行脆弱性水平越低，越具有金融创新的动机和能力。而在美国，银行脆弱性水平对金融创新在 1% 水平上存在显著的负向影响，表明 zscore 数值越小，即银行脆弱性水平越高，越具有金融创新的动机和需求，再次印证了过度的金融创新对美国 2007年的次贷危机的推波助澜，这与马达洛尼（Maddaloni, 2011）的研究结论是一致的。

表 5.4 面板 VAR 模型的系统 GMM 估计结果

变量	面板 A			面板 B		
	L. h_zscore	L. h_nrp	L. h_lnasset	L. h_zscore	L. h_nrp	L. h_lnasset
h_zscore	0.157 * (1.94)	0.337 *** (3.99)	25.995 *** (5.77)	0.705 *** (20.02)	− 0.008 *** (− 2.77)	0.924 *** (5.36)
h_nrp	0.041 * (1.94)	0.434 *** (7.74)	2.277 (1.58)	− 0.380 *** (− 3.26)	0.330 *** (15.37)	2.313 *** (3.99)
h_lnasset	0.000 (0.25)	0.000 (0.61)	0.769 *** (11.24)	− 0.009 *** (− 7.94)	− 0.000 (− 1.09)	0.870 *** (149.73)
N	448			47850		

注：括号中的数值为 t 统计量，*、**、*** 分别为 $p < 0.1$，$p < 0.05$，$p < 0.01$。

5.1.2.2 脉冲响应与方差分解

由于面板 VAR 模型的参数估计结果仅具有一致性，对其经济意义进行全面解释比较困难，因此，要对面板 VAR 模型进行分析，还需观察系统的脉冲响应函数与方差分解。脉冲响应函数描述的是其他变量在 T 期以及以前各期保持不变的前提下，面板 VAR 模型的某方程中，给随机误差项施以一个单位（或标准差）的冲击后，给内生变量当期以及未来各期带来的冲击影响。本书对面板 A 和面板 B 均给予 zscore、nrp、lnasset 一个单位的冲击，运用蒙特卡洛模拟方法模拟 1000 次，得到 15 年期的脉冲响应函数图，同时构建了 95% 的置信区间，并分别将其列示于图 5.1 和图 5.2 中，图中横轴表示响应期数，纵轴表示内生变量受到单位冲击后的响应函数。

图 5.1 显示，在我国，金融创新一单位的正向冲击会使 zscore 数值逐渐增大，在 1 期末时达到峰值，之后开始逐渐减小，说明金融创新的加强，有助于提升银行的稳定性，降低脆弱性水平。这可能是因为我国投资渠道较单一，金融创新的出现为金融机构提供了投资产品，扩大了经营渠道，有效转移和分散了金融机构的风险。这与格林鲍姆（Greenbaum，1987）的研究结论相符。此外，我们还发现，在我国银行机构资产水平一单位的正向冲击对银行脆弱性水平的影响几乎可以忽略不计，相反，银行脆弱性水平一单位的正向冲击对其资产水平却有一个持续期长达 15 期的正向影响，对金融创新的正向推动在第一期期末达到峰值，滞后逐渐回落。这表明，银行脆弱性水平的降低对金融创新和其资产规模均有正向积极的影响。

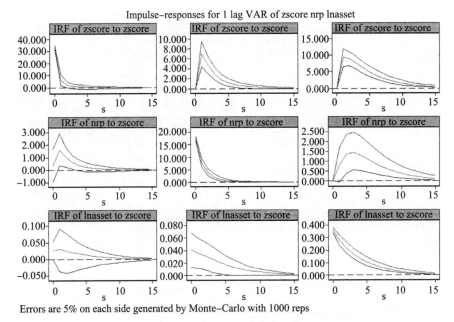

图 5.1　我国的脉冲响应函数

图 5.2 显示，在美国金融创新一单位的正向冲击会使 zscore 数值逐渐下降，在 2 期末时达到峰值，之后开始逐渐减小，说明过度的金融创新，对银行的稳定性产生破坏，提升了其脆弱性水平。这可能是因为对金融创新的过度使用，可能引起金融资产交易的异常扩张，诱发金融安全问题；或者金融创新带来资产价格的大幅上涨、巨额债务的积累、快速的增长模式以及经常账户不断增加的赤字等，将金融系统的风险通过抵押贷款和资产的 N 次证券化传染给宏观经济各领域，使金融不稳定危及经济运行。这与莱因哈特（Reinhart，2008）的研究结论一致。此外，我们还发现，在美国，银行机构资产水平一单位的正向冲击会使 zscore 数值降低，提升银行脆弱性水平，这一冲击的影响在第 4 期期末达到峰值，之后开始回落，但反过来银行脆弱性水平 zscore 一单位的正向冲击对其资产水平却有一个持续期较长的正向影响，而对金融创新的影响是负向的。这表明银行脆弱性水平的降低对资产规模存在正向影响，而对金融创新起到一定的阻碍作用。

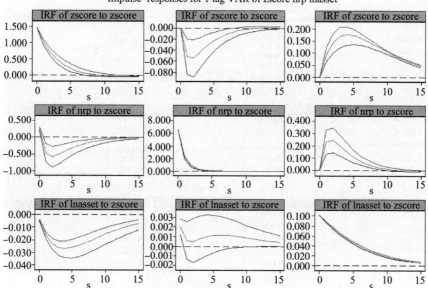

图5.2　美国的脉冲响应函数

　　为进一步了解银行脆弱性、金融创新和资产规模三变量在银行脆弱性未来各期的预测误差方差中的贡献度，文章进行了方差分解，结果列示于表5.5中。表5.5显示，在我国（面板A），对银行脆弱性进行预测时，未来1期只受自身冲击的影响，未来5～15期，金融创新的冲击对其影响逐渐增大，由0.068增大到0.205；表5.5还显示，这一影响在第10期基本稳定。该结果表明，金融创新对银行脆弱性的冲击在未来是不容忽视的，这与前面脉冲响应的分析结果吻合。从金融创新的方差分解方程来看，未来1期金融创新只受自身冲击的影响，未来5～10期，银行机构资产规模的冲击对其影响逐渐增大，在第10期基本稳定，但也仅达到0.024，银行脆弱性的冲击仅达到0.011，说明金融创新主要受自身冲击的影响。资产规模的方差分解方程显示，未来各期的冲击主要来源于自身及金融创新，说明银行脆弱性对资产规模的影响可以忽略，资产规模的变动主要受自身因素的影响。在美国（面板B），银行脆弱性方程表明，未来1期其只受自身冲击的影响，未来5～15期金融创新的冲击对其影响由0.122增加到0.155，增长幅度不大，说明金融创新对银行脆弱性的影响主要集中在冲击的前5期，这与脉冲响应的结果一致，表明金融创新是银行脆弱性的重要原因。

表 5.5　　　　　　　　　　　　预测误差方差分解结果

	面板 A				面板 B		
	期数	zscore	nrp	lnasset	期数	zscore	nrp	lnasset
Zscore 的方差分解	1	1.000	0.000	0.000	1	1.000	0.000	0.000
	5	0.774	0.173	0.054	5	0.876	0.122	0.002
	10	0.744	0.202	0.053	10	0.850	0.148	0.002
	15	0.742	0.205	0.053	15	0.843	0.155	0.002
Nrp 的方差分解	1	0.000	1.000	0.000	1	0.002	0.998	0.000
	5	0.011	0.973	0.016	5	0.021	0.975	0.004
	10	0.011	0.965	0.024	10	0.026	0.970	0.004
	15	0.011	0.964	0.025	15	0.026	0.970	0.004
Lnasset 的方差分解	1	0.005	0.013	0.982	1	0.002	0.000	0.998
	5	0.010	0.017	0.973	5	0.068	0.000	0.932
	10	0.010	0.018	0.972	10	0.114	0.000	0.886
	15	0.010	0.018	0.972	15	0.126	0.000	0.874

金融创新的方差分解方程表明，未来各期金融创新均只受自身冲击的影响，资产规模及银行脆弱性的冲击对金融创新的预测误差方差贡献极小，可以忽略不计，说明资产规模及银行脆弱性不是金融创新的主要原因。从资产规模方差的分解方程来看，未来各期的冲击主要来源于自身及银行脆弱性水平，说明金融创新不是影响资产规模的原因，资产规模的变动主要受自身因素的影响。其次，银行脆弱性水平对资产规模的变动有一定的冲击。

5.1.2.3　Granger 因果检验

对于面板 VAR 模型执行 Granger 因果检验时不必拘泥于滞后阶数的选择，该检验目的在于检验解释变量滞后项对被解释变量的联合影响，因此，文章选择在执行该检验时选择同模型同样的滞后阶数（1 阶），如果 1 阶滞后是 Granger 原因，那么 N 阶滞后的联合也一定是 Granger 原因。文章将 Granger 因果检验结果列示于表 5.6 中。横向来看，无论面板 A（我国）还是面板 B（美国），金融创新不是银行脆弱性的 Granger 原因的假设均在1%的显著性水平时被拒绝接受，表明金融创新是银行脆弱性水平的重要原因，该检验结果与模型分析结果一致。关于资产规模不是银行脆弱性的假设，面板A和面板B均在1%的水平时拒绝接受，说明资产规模的大小是影响银行脆弱性的重要因素。对金融创新方程的检验结果显示，在我国，银行脆弱性水平及资产规模不是金融创新的 Granger 原因的假设在1%的显著性水平上被接受，说明我国金融创新与银行脆弱性水平之间是单向因果关系；在美国，银行脆弱性不是金融创新的假设在1%显著性水平上被拒绝，表明美国金融创新与银行脆弱性之间互为因果关系，二者不是简单的单向因果，这再一次印证了本书的主要观点：金融创新与银行脆弱性的关系依赖于金融创新自身的发展水平。此外，我国银行脆弱性及金融创新均不是资产规模的 Granger 原因的假设被显著接受，这与方差分解结果一致；而美国金融创新不是资产规模的 Granger 原因的假设同样被接受，但银行脆弱性不是资产规模的 Granger 原因的假设却在1%的显著性水平上被拒绝，表明美国资产规模与银行脆弱性水平之间是互为因果的双向影响。

表5.6　　　　　　　　　　　Granger 因果检验

		面板 A				面板 B		
	1 阶滞后	卡方值	自由度	概率值	1 阶滞后	卡方值	自由度	概率值
Zscore 方程	Nrp	15.882	1	0.000	Nrp	7.6819	1	0.006
	lnasset	33.252	1	0.000	Lnasset	28.781	1	0.000
	所有变量	60.074	2	0.000	所有变量	45.548	2	0.000
Nrp 方程	zscore	3.7627	1	0.052	zscore	10.617	1	0.001
	lnassets	2.498	1	0.114	lnassets	2.7262	1	0.842
	所有变量	10.609	2	0.005	所有变量	23.858	2	0.000
lnasset 方程	zscore	0.0626	1	0.802	zscore	63.006	1	0.000
	nrp	0.3667	1	0.545	nrp	1.1872	1	0.276
	所有变量	0.4179	2	0.811	所有变量	63.997	2	0.000

5.2　资本监管对银行脆弱性的非线性影响

美国2007年爆发的次贷危机最终蔓延为席卷全球的金融危机，对这次金融危机的反思，使得各国学界、政界、监管机构更加关注金融稳定尤其是银行体系的稳定性，而银行机构稳定运行的一个重要保障就是健全有效的金融监管，其中，资本监管一直是银行业监管的主要内容。

1996 年，我国正式成为以资本充足为监管核心的《巴塞尔协议》成员国，2003 年，成立了银行业监督管理委员会，2004 年颁布实施《商业银行资本充足率管理办法》，确立了我国以资本充足为核心的监管框架。此后，伴随《巴塞尔协议》的 3 次修订，资本监管的重要性从未被削弱。尽管如此，从已有国内外的研究文献来看，对资本监管要求能否有效约束银行风险，从而保持银行稳健，各国学者并未取得共识（Blum，1999；Godlewski，2004）。而且探讨资本监管与银行稳定的文献基本是在线性框架下展开的，对二者的非线性关系探讨甚少，而其中关于我国银行业的研究就更少。本小节选取资本充足率作为资本监管的代理变量，实证分析了我国上市银行与非上市银行中资本监管与银行稳定之间的非线性关系。

5.2.1　研究设计及变量解释

接下来我们重点阐述主要的研究设计和变量选择。

5.2.1.1　研究设计

为深入研究我国资本监管与银行稳定的关系，本书借鉴汉森（1999，2000）提出的面板门槛回归计量方法，选取资本充足率为资本监管的代理变量，并将其设定为门槛变量来考察我国商业银行整体、上市银行和非上市银行三类样本，资本监管对银行稳定的影响及差异。

单一门槛模型基本设定如下：

$$y_{it} = u_i + x_{it}\beta_1 \times I(q_{it} \leqslant \gamma) + x_{it}\beta_2 \times I(q_{it} > \gamma) + \varepsilon_{it} \tag{5.3}$$

其中，i 代表银行个体，t 代表年份。q_{it} 为门槛变量，γ 为门槛值，$I(\cdot)$ 为指示函数，相应的条件满足则取值为 1，否则为 0，y_{it} 和 x_{it} 为被解释变量与解释变量，u_i 表示银行个体的未观测到的特征，ε_{it} 服从均值为 0，方差为 δ^2 的独立同分布，即 $\varepsilon_{it} \sim i.i.d，N(0，\delta^2)$。$\beta_1$、$\beta_2$ 及 γ 为待估参数。

对式（5.3）的估计需要预先去除个体效应 u_i，一般采用去除组内平均值的方法，对式（5.3）取组内平均：

$$\overline{y_i} = u_i + \overline{x_i}(\gamma) + \overline{\varepsilon_i} \tag{5.4}$$

式（5.3）减去式（5.4）得到：

$$y_{it}^* = x_{it}^*(\gamma) + \varepsilon_{it}^* \tag{5.5}$$

其中，$y_{it}^* = y_{it} - \overline{y_i}$，$x_{it}^* = x_{it} - \overline{x_i}$。将银行个体逐个垒叠得到：

$$Y^* = X^*(\gamma)\beta + \varepsilon^* \tag{5.6}$$

若给定门槛值 γ，则式（5.6）估计得到的残差平方和为：

$$S_1(\gamma) = \hat{e}^*(\gamma)'\hat{e}^*(\gamma) \tag{5.7}$$

其中，$\hat{e}^*(\gamma)$ 是残差向量，$\hat{e}^*(\gamma) = Y^* - X^*(\gamma)\beta^*(\gamma)$，则门槛值 γ 的估计式为：

$$\hat{\gamma} = \text{argmin} S_1(\gamma) \tag{5.8}$$

上述估计过程中汉森（hansen，2000）将每一观测值作为可能的门槛值，将满足式（5.6）的观测值确立为门槛值，但其是否具有统计上的显著性，还需要做进一步的检验。检验的原假设存在门槛值，表达式为：H_0：$\beta_1 = \beta_2$，相应的备择假设不存在门槛值，表达式为：H_1：$\beta_1 \neq \beta_2$。

但事实上，在原假设 H_0 下，相当于对式（5.3）施加线性约束 $\beta_1 - \beta_2 = 0$，所以，不存在唯一的 γ 值使式（5.3）成立，也就是说无法识别出门槛值 γ。此时，由于未知参数的存在，使得传统检验统计量服从的是非标准分布，完全不同于卡方分布。由于分布依赖于样本的矩，所以，临界值无法查表获得。汉森（2000）建议采用"自抽样法"（Boostrap）模拟似然比检验的渐进分布。设 S_0 为不存在门槛效应的残差平方和加总，S_1 为存在门槛效应的残差平方和加总，则似然比检验基于如下统计量：

$$F = \frac{S_0(\gamma) - S_1(\gamma)}{\sigma^2} \tag{5.9}$$

σ^2 为残差方差，$\sigma^2 = T^{-1}\hat{e}^*(\hat{\gamma})'\hat{e}^*(\hat{\gamma}) = T^{-1}S_1(\hat{\gamma})$。当确认存在门槛效应时，还需进一步对 H_0：$\hat{\gamma} = \gamma$ 进行检验，以确定门槛值的置信区间。对于原假设，似然比统计量为：

$$LR(\gamma) = \frac{S_1(\gamma) - S_1(\hat{\gamma})}{\sigma^2} \tag{5.10}$$

值得注意的是，LR 统计量的渐进分布同样是高度非标准的，汉森指出确定 γ 置信区间的最佳方法是运用 LR 统计量构造"非拒绝域"，如果 $LR_1(\gamma_0)$ 足够大，就可以拒绝原假设。而且他还给出不同显著性水平下临界值的计算公式：$c(\alpha) = -2\log(1 - \sqrt{1-\alpha})$，据此，我们可计算出在 10%、5%、1% 的显著性水平下临界值分别为 5.94、7.35 和 10.59。当 $LR(\gamma_0) \leq c(\alpha)$，不能拒绝原假设。

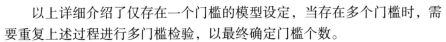

以上详细介绍了仅存在一个门槛的模型设定，当存在多个门槛时，需要重复上述过程进行多门槛检验，以最终确定门槛个数。

本书借鉴汉森的门槛方法，构建我国资本监管与银行稳定的门槛回归方程：

$$\text{zscore} = u_i + \beta_1 car_{it} I(car_{it} \leqslant \gamma) + \beta_2 car_{it} I(car_{it} > \gamma) + \beta_3 cv_{it} + \varepsilon_{it}$$

$$(5.11)$$

其中，下标 i、t 分别表示第 i 个银行个体和第 t 年，u_i 表示银行个体未观测到的效应，$\varepsilon_{it} \sim \text{iid.} N(0, \delta^2)$ 为误差项。zscore 为银行稳定的代理变量，是回归方程的被解释变量，car 为资本监管的代理变量。cv 为其他影响银行稳定的控制变量，包括宏观经济环境、银行业市场结构、银行个体特征。

5.2.1.2　变量选择

（1）被解释变量。在本书实证分析中被解释变量为银行稳定，它反映了银行体系的安全性与稳健性。本书借鉴贝克和昆特·德米库克等（2010）的方法，引入 zscore 来测度银行稳定。计算公式如下：

$$\text{zscore} = \frac{roa + \dfrac{equity}{assets}}{sd(roa)}$$

$$(5.12)$$

其中，roa 为银行资产收益率，$\dfrac{equity}{assets}$ 为银行资本资产比，sd(roa) 为资产收益率的标准差，本书由 3 年移动平均来计算，同时为了尽可能全面真实地反映样本信息，减少数据的损失，文中对样本期内第一年及最后一年的 sd(roa) 均采用 2 年移动平均。具体来说，2005 年的标准差采用 2005 年和 2006 年两年的移动平均；2013 年的标准差采用 2012 年和 2013 年两年的移动平均。

（2）门槛变量。本书选取资本监管为主要解释变量，其代理变量为资本充足率。从各国监管理论及实践的发展来看，学者们关于资本监管对银行稳定影响的观点存在较大分歧。其中，两种典型的观点是弗隆和基利（Furlong and Keeley, 1989）提出的"在险资本效应假说"和卡哈尼（Kahane, 1977）主张的"预期收入理论假说"。前者认为资本监管能够降低银行风险，保持银行稳定；后者主张资本监管将提高银行风险，降低银行稳健性。近年来，一些学者开始主张二者之间可能存在的非线性关系。本书设定资本充足率为门槛变量，来分别考察上市银行与非上市银行的资本监管与银行稳定之间是否均存在非线性影响。

（3）控制变量。

一是银行规模。本书采用银行资产对数值 lnasset 代理银行规模，学界对银行规模与其脆弱性之间的关系并无共识。戴力斯（Delis，2011）采用18000 家银行的 2003~2008 年的数据进行实证分析，认为银行规模与脆弱性呈负向相关关系，这主要是由于规模增大，可使投资越发分散，从而降低银行风险。而艾克曼和霍尔丹等（Aikman and Haldane et al.，2013）提出了银行规模越大，风险管理技术越高，然而这也不过只会使风险转移而不会消失，相反会使风险累加，且伴随规模的扩张，委托代理问题会出现，从而增加银行风险，冲击稳定性。

二是银行集中度。银行集中度 cr 是衡量银行业市场结构的度量指标，通过计算银行体系最大的前几个银行资产额占整个体系资产额的比例来反映银行体系的集中度，该比例越高，表示银行业集中度越高。最初这一指标选用最大的前三个银行资产额占比来计算，但考虑到我国长期以来的四大国有商业银行的主导支配地位，本书选取最大的前四个银行资产额占比来反映集中度，即 $cr_{4,t}$。

三是经济增长率。为了解宏观经济环境对银行脆弱性的影响，文中选取经济增长率 gdpgw 指标来作为代理变量。斯勒瑞克和泰勒（Schularick and Taylor，2009）认为在宽松的宏观经济下，伴随经济景气上升，形成乐观预期，各银行均有扩张信贷的冲动，从而为银行稳定性埋下隐患。

四是流动资产占比。流动资产占比是衡量银行资产流动性的重要指标，戴蒙德和戴维格（1983）在其经典 D - D 模型指出银行"借短贷长"的经营模式经常使银行陷于"挤兑式"平衡，并进一步认为银行这种缺乏流动性的资产负债管理和储户对流动性需求的非确定性使其自然具有脆弱性，不利于银行的稳定。但也有学者得出相反结论，认为银行资产流动性的增强不仅难以增加银行稳定性，在危机时期可能会降低银行稳定性。因此，在已有文献中，有关资产流动性对银行稳定的影响并未取得一致认识。

五是非利息收入占比。本书引入非利息收入占比即利息收入与营业收入的比值来反映银行的业务结构特征，银行的业务结构综合反映了银行各项业务的风险与收益，对银行稳定有重要影响。此外，业务结构还反映了银行拓展收入来源的能力。

六是净息差。净息差，即银行的净利息收入（利息收入减去利息支出）除以银行生息资产，是我国商业银行最主要的利润来源。净息差水平及其变动是衡量我国商业银行资产盈利能力及收益安全性的重要指标，因此，净息差对银行稳定有重要影响。

七是 M_2 增长率。奥坦巴斯和甘巴科尔塔等（Altunbas and Gambacorta et al.，2010）的研究中指出货币政策对银行风险有显著影响，本书引入货币供应量增长率作为货币政策的代理变量，该指标的高低反映货币政策的松紧，高的 M_2 增长率表示货币政策较为宽松，而低的 M_2 增长率则表示稳健的货币政策。

5.2.2　样本选择与数据说明

本书选取 2005 ~ 2013 年我国的 64 家商业银行的平行面板数据。其中，包括北京银行、中国工商银行、民生银行等上市银行及广发银行、杭州银行等非上市银行。文中使用的银行数据来源于 Bankscope 数据库、银行年报及 Wind 数据库，其他变量来源于国家统计局各年统计年鉴及 ccer 数据库。文中主要变量的统计性描述如表 5.7 所示。

表5.7　　　　　　　　　　各变量描述统计

变量名	变量符号	观测值	均值	标准差	最小值	最大值
银行稳定	zscore	576	46.48661	46.62542	2.09431	386.941
存贷比	dcp	576	65.44917	9.885849	27.2974	122.459
银行集中度	cr4	576	0.498951	0.101409	0.398582	0.679302
净利差	rap	576	2.858628	1.034857	0.79	12.31
经济增长率	gdpgw	576	15.23723	4.603216	8.55207	22.8815
流动资产占比	liquiddp	576	30.21375	10.17123	2.45	71.05
资本充足率	car	576	11.84827	4.364734	0.62	62.62
资产规模	lnasset	576	11.75441	1.936596	3.974622	16.75561
货币增长率	m2gw	576	17.82041	3.871587	13.5877	27.5816
法定准备金率	fr	576	1.71	0.127389	1.62	1.89
非利息收入占比	nrp	576	48.05429	23.52551	-13.91	97.3

5.2.3　实证结果与分析

本实证结果分析包括两部分，分别为门槛个数的确定和估计结果的呈现与分析。

5.2.3.1 确定门槛个数

借鉴汉森（1999）的做法，对以上模型进行最小二乘估计法，并分别假设存在 1 个、2 个和 3 个门槛值，表 5.8 报告了其对应的 F 统计量和通过自抽样得到的 P 值。表 5.8 显示，单一门槛效应的 F 统计值在 1% 的显著性水平上通过检验，相应的自抽样 P 值为 0.000，而双重门槛及三重门槛效应未通过检验，自抽样 P 值分别为 0.143 和 0.177。因此，本书基于单一门槛模型进行分析。

表 5.8 门槛自抽样检验

模型	F 值	P 值	BS 次数	1%	5%	10%
单一门槛	20.019 ***	0.000	300.000	14.689	10.395	7.750
双重门槛	3.419	0.143	300.000	9.221	6.805	4.084
三重门槛	3.138	0.177	300.000	9.484	5.561	4.441

注：*、**、*** 分别表示在 10%、5%、1% 的显著性水平上，P 值及临界值均采用 Bootstrap 反复抽样 300 次获得。

表 5.9 报告了对应 1 个、2 个和 3 个门槛值的 95% 的置信区间，单一门槛模型对应的置信区间较窄，证明单一门槛模型划分的区间是合理的。因此，资本充足率与银行稳定之间存在门槛效应，两者不是简单的线性关系，而是存在非线性影响。

表 5.9 门槛值估计结果

模型	估计值	95% 置信区间
单一门槛模型	12.8	[11.950, 12.900]
双重门槛模型		
ITO1	8.41	[6.090, 16.520]
ITO2	12.8	[11.950, 12.900]
三重门槛模型	13.850	[6.090, 16.520]

门槛参数估计值其实就是似然比检验统计量 LR 为零时对应的 γ 取值，图 5.3 显示，当 γ 取值为 12.8 时满足 LR 为零，因此，12.8 为单一门槛

估计值，其95%的置信区间由 LR 值小于5%显著水平对应临界值7.35
（图5.3 中的虚线）的 γ 构成的区间。

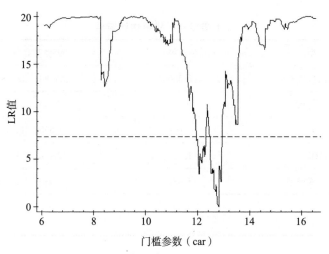

图5.3 门槛估计值及置信区间

本书进一步考察了门槛效应在上市银行和非上市银行中是否同时存在，表5.10 和表5.12 分别报告了48 家非上市银行与16 家上市银行中门槛自抽样检验结果，我们发现，非上市银行中单一门槛效应的 F 统计值在显著性水平为1%时通过检验（见表5.9），相应的自抽样 P 值为0.000，而且在其对应的95%的置信区间较窄（见表5.10），说明单一门槛模型划分的区间合理。因此，在我国非上市银行中存在资本充足率与银行稳定之间的门槛效应。同时，我们也发现，上市银行中单一门槛效应的 F 统计值在1%和5%的显著性水平上均通过检验，但在10%的显著性水平上通过检验（见表5.12、表5.13）。因此，在我国上市银行中也存在资本充足率与银行稳定之间的门槛效应。

表5.10　　　　　　　　　　　　非上市银行门槛自抽样检验

模型	F 值	P 值	BS 次数	1%	5%	10%
单一门槛	16.783***	0.000	300.000	12.067	8.699	6.481
双重门槛	4.801**	0.047	300.000	9.346	4.600	3.482
三重门槛	6.922	0.120	300.000	21.761	10.482	8.110

注：*、**、***分别表示在10%、5%、1%的显著性水平上，P 值及临界值均采用 Bootstrap 反复抽样300 次获得。

非上市银行门槛值估计结果、上市银行门槛自抽样检验、非上市银行门槛估计值及置信区间分别如表 5.11、图 5.4、图 5.5 所示。

表 5.11　　　　　　　　　　**非上市银行门槛值估计结果**

模型	估计值	95% 置信区间
单一门槛模型	12.530	[12.060, 13.480]
双重门槛模型		
ITO1	7.510	[6.530, 16.100]
ITO2	12.530	[12.060, 13.480]
三重门槛模型	15.440	[8.980, 16.120]

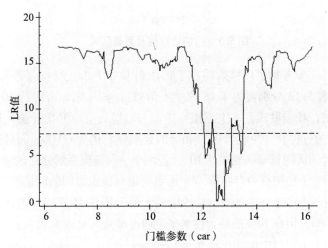

图 5.4　非上市银行门槛估计值及置信区间

表 5.12　　　　　　　　　　**上市银行门槛自抽样检验**

模型	F 值	P 值	BS 次数	1%	5%	10%
单一门槛	6.975 *	0.053	300	9.664	7.135	5.071
双重门槛	2.507	0.260	300	9.440	6.625	5.200
三重门槛	0.317	0.687	300	6.322	4.068	3.100

注：*、**、*** 分别表示在 10%、5%、1% 的显著性水平上，P 值及临界值均采用 Bootstrap 反复抽样 300 次获得。

表 5.13　　　　　　　　　　上市银行门槛值估计结果

模型	估计值	95% 置信区间
单一门槛模型	11.390	[8.880, 13.900]
双重门槛模型		
ITO1	12.830	[8.880, 24.120]
ITO2	11.390	[8.880, 24.120]
三重门槛模型	14.350	[8.880, 24.120]

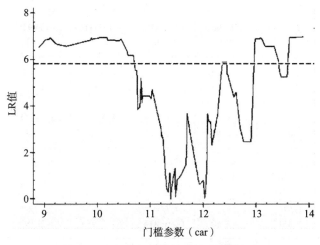

图 5.5　上市银行门槛估计值及置信区间

5.2.3.2　估计结果与分析

模型参数估计、同方差设定下的 t 值（t_{ols}）及异方差设定下的 t 值（t_{white}）列示于表 5.14 中。

表 5.14　　　　　　　　　　模型的参数估计结果

变量	所有银行		非上市银行		上市银行	
	Zscore (t_{ols})	Zscore (t_{white})	Zscore (t_{ols})	Zscore (t_{white})	Zscore (t_{ols})	Zscore (t_{white})
cr4	−111.0** (−2.34)	−111.0*** (−2.82)	−70.61 (−1.35)	−70.61* (−1.70)	−364.7** (−2.46)	364.7*** (−3.31)

续表

变量	所有银行		非上市银行		上市银行	
	Zscore (t_{ols})	Zscore (t_{white})	Zscore (t_{ols})	Zscore (t_{white})	Zscore (t_{ols})	Zscore (t_{white})
rap	−3.937* (−1.75)	−3.937* (−1.75)	−3.309* (−1.73)	−3.309 (−0.98)	−19.35* (−1.71)	−19.35* (−1.71)
gdpgw	3.121*** (7.34)	3.121*** (7.44)	2.974*** (6.12)	2.974*** (6.64)	3.782*** (3.88)	3.782*** (3.49)
liquiddp	−0.0938 (−0.35)	−0.0938 (−0.36)	−0.00311 (−0.01)	−0.00311 (−0.01)	−0.992 (−1.41)	−0.992 (−1.36)
lnasset	−3.328 (−0.76)	−3.328 (−1.12)	−2.772 (−0.61)	−2.772 (−1.01)	−22.69 (−1.12)	−22.69 (−1.75)
m2gw	−3.137*** (−6.69)	−3.137*** (−6.65)	−3.061*** (−5.72)	−3.061*** (−6.29)	−4.558*** (−3.98)	−4.558*** (−2.98)
nrp	0.365*** (4.20)	0.365*** (3.63)	0.331*** (3.32)	0.331*** (2.79)	0.254 (1.19)	0.254* (1.89)
carl	−1.572*** (−4.17)	−1.572*** (−3.60)	−1.690*** (−3.81)	−1.690*** (−2.95)	−2.018** (−2.38)	−2.018** (−2.67)
carh	−0.104* (−1.76)	−0.104* (−1.86)	0.0701* (1.73)	0.0701* (1.76)	−1.695* (−1.71)	−1.695* (−2.06)
_cons	214.2** (2.52)	214.2*** (3.96)	193.1** (2.19)	193.1*** (3.74)	650.2* (1.69)	650.2** (2.57)
N	576	576	432	432	144	144

注：括号中的数值为 t 统计量，*、**、*** 分别为 $p < 0.1$，$p < 0.05$，$p < 0.01$。

（1）门槛变量的估计结果与分析。以上确定门槛数目及其置信区间的分析显示：在我国，所有银行、上市银行及非上市银行三类样本分组中均存在单一门槛。根据估计出的门槛值我们将资本监管区分为高水平和低水平两种状态。表5.14 显示，在所有银行与上市银行中，无论资本充足率位于高水平还是低水平，资本监管与银行稳定均呈现负相关。这说明无论银行资本充足与否，资本监管的加强均会对银行稳定带来影响，而且这种影响呈现非线性特征，即存在门槛效应。在低水平的资本充足状态下，资本监管压力的提升对银行稳定的冲击较大。而在高水平的资本充足状态下，加强资本监管对银行稳定的影响偏小。这说明资本监管对银行稳定的影响会因银行资本充足水平的不同而存在差异，这种关系是动态变化的，而不是固定不变的，这与李勇和王满仓（2012）的结论是一致的。

进一步分析，我们发现，我国非上市银行中资本监管与银行稳定的关系不仅存在门槛特征，而且在高、低两种资本充足状态下，资本监管对银行稳定影响的方向不同。在资本较不充足时，加强监管，会刺激银行增加高风险资产以弥补预期收益的减少，从而对银行稳定带来负向影响。而在资本较为充足时，监管压力与银行稳定呈现正向关系，高的资本充足率监管将使银行自有资本承担损失，而非上市银行不存在上市银行中的管理者与股东的目标严重偏离，内部人控制问题较少发生，因此，资本监管水平的提高会迫使银行的投资决策更加谨慎，从而有效降低银行风险，维持银行稳定，该结果与雷文和莱尼（2009）的研究类似。

估计结果还表明，相对资本充足，在资本不足的状态下，资本监管对银行稳定的负向影响更大。这表明，即使银行意识到其资本充足水平已接近监管标准，即将受到干预，但对监管压力的反应仍不充分。可能的原因有，一是资本不足的银行相对资本充足的银行有更强的风险意愿，不排除"以小博大"的赌徒心理，从而更易实施较大的风险行为；二是目前我国的监管措施的实施可能存在滞后，从而使得监管效果差强人意；三是监管干预对银行经营成本的提升未达到银行预期。这一结果有一定的政策启示：监管机构在制定相关政策时，要充分考虑到政策执行的滞后及干预对银行成本影响的大小，监管要起到防患于未然的效果。

（2）控制变量的估计结果与分析。

第一，宏观经济环境及银行业市场结构对银行稳定的影响。在表5.14中，经济增长率与银行稳定呈现正相关，说明经济景气期，有利于维持银行的稳定运行，而经济环境恶化时，银行风险也逐渐凸显，对银行稳定带来冲击。进一步分析，相对于非上市银行，上市银行中经济增长对银行稳定的正向影响更大。这表明，我国商业银行行为具有顺周期特征。银行业集中度与银行稳定呈现负相关，实证结果支持了"集中脆弱论"。这主要是由于银行集中虽然能够带来垄断收益，但同时集中也提高了利率，增加了借款人的逆向选择概率，使银行资产质量恶化，对银行稳定带来不利冲击。这一结果与思德莫诺和马克若等（Soedarmono and Machrouh et al.,

2013）的研究结论是一致的。表5.14还显示，相比非上市银行，上市银行的稳定受银行业集中度影响更大，这可能是由于上市银行的投融资渠道更加广泛，监管难度增加，从而使得其更容易采取高风险行为以博得增加收入的机会，以攫取垄断利益。

此外，M_2增长率与银行稳定呈负相关，表明M_2的高增长，即在宽松货币政策下，刺激银行过多的风险行为，会给银行稳定带来冲击，这一结论与张筱峰、王健康和陶金（2008）的结论一致。这主要是由于快速增长的货币供应刺激资产价格的迅速上涨，使得经济中的泡沫成分增加，当这种增长速度一旦无法维持，资产价格的上涨就会终止，甚至下跌，从而对银行稳定造成冲击。该实证结果的政策含义如下：相关政策应保持货币供应量的平稳增长，以降低其对银行稳定的负面影响；而且应鼓励银行业加强竞争以降低行业集中度，从而削弱其对银行稳定的负面影响；应加强对上市银行的监管，以避免其不当运用自身优势获取超额收益。

第二，银行个体特征对银行稳定的影响。回归结果显示我国银行存贷比、资产规模及流动性资产占比对其稳定性的影响不显著。净利差与银行稳定存在负相关，而非利息收入占比与银行稳定呈现显著正相关，这表明银行业务的持续创新不断优化了要素资源的优化组合，而且能够有效规避风险，从而成为维持银行安全的重要途径。该结果与石睿（2011）、霍恩（Horne，1985）的研究结论一致。

5.3　本章小结

本章主要对金融创新和资本监管对银行脆弱性的影响进行了实证分析。文中5.1节选取2005～2013年的我国64家商业银行的平行面板数据构成面板A，其中，包括北京银行、中国工商银行、民生银行等上市银行及广发银行、杭州银行等非上市银行；选取1999～2013年的美国3190家商业银行及投资银行的平行面板数据构成面板B，其中，包括摩根大通银行、美洲银行、花旗银行、房地美等。由于文章数据的时间跨度较短，仅有9年，而采用面板数据的话，可以有效克服数据的时间跨度较少的问题。在此基础上，通过构建面板VAR模型实证分析银行脆弱性、金融创新与金融机构资产规模三者相互的动态影响。采用系统GMM对模型进行估计，结果显示，在我国，滞后一期的金融创新对银行脆弱性在1%的水平上存在显著的正向影响，表明我国自 2005 年以来的金融创新有助于改善银行体系的脆弱性水平；但美国银行的估计结果与此相反，滞后一期的金融创新对银行脆弱性在 1% 的水平上存在显著的负向影响，表明美国金融创新对此次次贷危机中凸显的银行脆弱性水平有显著的推动作用，因此，金融创新究竟是助长还是抑制银行脆弱性，需要我们区分对待；滞后一期的银行机构资产规模对银行的脆弱性水平，无论在我国还是美国，均在 1% 的水平上存在显著的正向影响，表明资产规模的提升可以显著降低银行的脆弱性水平；滞后一期的银行脆弱性水平对银行脆弱性的影响，无论在美国还是我国，均存在显著的正向影响，表明银行脆弱性水平具有一定的惯性。

5.2 节中对于资本监管对银行脆弱性水平的影响进行了实证分析。本小节选取资本充足率作为资本监管的代理变量，实证分析了我国上市银行与非上市银行中资本监管与银行稳定之间的非线性关系。通过对面板门槛模型的估计结果进行分析，表明在我国，所有银行、上市银行及非上市银行三类样本分组中均存在单一门槛，这说明资本监管对银行稳定的影响会因银行资本充足水平的不同而存在差异，这种关系是动态变化的，而不是固定不变的。估计结果还表明，相对于资本充足，在资本不足的状态下，资本监管对银行稳定的负向影响更大。这表明，即使银行意识到其资本充足水平已接近监管标准，即将受到干预，但对监管压力的反应仍不充分。这一结果有一定的政策启示：监管机构在制定相关政策时，要充分考虑到政策执行的滞后及干预对银行成本影响的大小，监管要起到防患于未然的效果。

第6章

银行脆弱性引爆危机的条件及救助
——基于中美两国的案例分析

本章在第 3 章构建银行脆弱性演变为金融危机的预防及触发条件理论模型的基础上，对中美两国进行案例分析。6.1 节对比分析了中美两国银行脆弱性触发金融危机，以此揭示出二者之间的触发条件；6.2 节对美国在 1929~1933 年和 2007 年爆发的两次金融危机中政府救助行为进行案列分析，发现美国政府的金融危机救助的演变；6.3 节在前两节的基础上构建"预防—监管—救助"三位一体的危机处置方案。

6.1 银行脆弱性引爆危机条件

2007 年爆发于美国的次贷危机，经过层层渗透，演化为一场全球性的金融危机，其根源正是资产价格下跌引发的次贷问题，在金融创新泛滥及监管缺失的环境下对金融体系内在脆弱性的引爆。

6.1.1 美国次贷危机的爆发和传导

金融最本质的内容是创造信用，在金融创新洪流的推动下，信用被数倍创造，推动经济增长；但信用最终是要偿还的，当信用偿还的步伐远远落后于失去约束的金融创新过快创造信用的节奏时，就会出现信用无法如期偿还的情况，此时信用就不再推动经济增长，而是带来经济衰退。在美国房贷市场高额诱人利益的驱使下，参与的机构及个人投资者众多，且彼此之间相互关联，利益依存，形成一支住房抵押贷款市场上的、类似生物界"食物链条"的利益链条网,一旦链条网的某个节点出现问题,无法与其他节点发生联结,则必然会出现牵一发而全身痛的多米诺效应:脱离实体经济的金融创新工具及产品的泛滥——次贷偿还危机——房贷市场巨额亏损——金融市场流动性危机——实体经济衰退。这将在下文对本次美国金融危机的爆发与传染过程的描述中得到证实。

6.1.1.1 危机爆发

2000 年,美国以互联网创新为主要特征的高科技股泡沫破灭后,经济一度低迷不前,为避免经济继续下滑,自 2001 年开始,美国政府连续 3 年实施刺激经济的扩张性货币政策,至 2003 年统计数据显示,美联储连续降息 13 次,联邦基准利率相应由原来的 6.5% 降至 1% 的历史低水平。市场上充斥着大量的流动性,引发人们对资产等有价证券的需求大大增加,巨额流动性进入美国房地产市场,造成房价居高不下,而这又强化了人们对房价继续攀升的预期,继而进一步刺激了市场的购房需求。在充满投资热情的市场上,追求利润最大化的美国房地产金融机构,开始降低申请抵押贷款投资者的资格限制。与此同时,越来越多的投资银行甚至商业银行也加入了这场舞动的盛宴,积极推出各种金融工具等创新产品,使得房地产金融机构通过资产证券化的运作,将其抵押贷款的风险转移出去,而这些风险往往是转移给那些原本信用等级较低、无法获得抵押贷款的购房者,即次级抵押贷款。在房价上涨预期的推动下,次级贷款规模迅速增长。统计资料显示,美国次级贷款数额在 1994 年仅为 350 亿美元,而 2000 年攀升至 1400 亿美元,到 2007 年次贷危机爆发时,其规模已高达 8000 亿美元,而美国房价在 2003~2006 年的 4 年间,涨幅超过 50%。[①]

经济在扩张性货币政策的长期持续刺激下,表现出令人不安的空前繁荣,政府早在 2004 年已开始萌生对通货膨胀的隐忧,为避免通胀对刚刚恢复的经济可能带来的不利冲击,美国政府开始采用相反的紧缩性货币政策,联邦基准利率由 2004 年 6 月份的 1%,经过连续数次加息(17 次),在 2006 年 6 月攀升至 5.25%。此时,这一紧缩的货币政策虽然抑制了通货膨胀,使房地产市场结束疯狂的单边上涨,回归理性(美国房地产价格在 2005 年 8 月开始进入下降通道,2007 年下降显著加速),但却给金融市场带来了一场没有预测到的灾难。在规模巨大的次级抵押贷款中,规定浮

---

① 资料来源:美国经济分析局,https://www.bea.gov。

动利率约占75%，基准利率的调高引发贷款利率更大幅度地上升，新增购房者由于借贷成本的提高，贷款需求下降，房地产市场开始悄然降温，房价失去继续上涨的预期；而存量购房者由于还款利率的上浮，面临激增的还款压力，且房价上涨已然转向，资产面临缩水，再融资困难重重，按揭还款的违约风险开始积聚；次级抵押贷款的发放机构，在房价止涨回跌的冲击下，则无法再成功出售抵押品以收回本息。次级贷款的违约率不断攀升，2007年一季度违约率为5.1%，四季度上升了3.55个百分点，到2009年四季度攀升至15.58%。[①] 次级贷款风险开始浮出水面，提供次贷的金融机构深陷困境，2007年2月，美国最大的次级房贷公司 Country-wide Financial Corp 宣布减少房贷；2007年4月，美国第二大次级贷款机构新世纪金融公司宣布濒临破产，申请破产保护，自此次贷危机的大幕被快速拉开。7月，次级贷款的风波引发标准普尔和穆迪下调超过一千只债券的评级，金融市场出现严重动荡。同年8月，美国第十大抵押贷款机构——住房抵押贷款投资公司正式申请破产保护，房地产投资信托公司 American Home Mortgage 申请破产保护，次贷危机全面爆发。

6.1.1.2 危机的传导

（1）危机向金融市场的传导。在美国发达的金融市场上，众多金融机构在高额利润的驱动下，参与到以次贷资产池为基础的各项金融创新的交易中，比如，住房抵押贷款证券化（MBS）、担保债务凭证（CDO）等金融创新产品，当次贷市场出现问题，资金链条难以为继时，流动性风险将会很快扩散至整个金融市场，对冲基金、投资银行、保险公司、商业银行等金融机构均无一幸免地卷入到这次危机中。2007年6月，美国第五大投行贝尔斯登宣布旗下两支对冲基金，因其购买产品主要为评级较差的MBS、CDO等金融创新产品，财务报表显示巨额亏损，8月宣布倒闭，自此金融市场开始全面受到次贷危机的侵蚀。次级贷款引发市场对质量较好的 MBS、CDO 等资产的重估，其市场价格开始下降，持有这些优质资产的保险公司及商业银行（花旗、瑞银、美林等）出现经营亏损，花旗银行2007年第四季度亏损额高达98亿美元，成为196年发展史中最大的单季度亏损；美林2007年第三季度亏损79亿美元。随着房价的一路向下，优质抵押贷款市场受到冲击，美国著名的房利美和房地美公司直接持有及提高

---

① 资料来源：美国经济分析局，https://www.bea.gov。

担保的住房抵押贷款高达 44%，而其杠杆率更是升至 62.5%（陈庆海，2012）。如此高的杠杆率使其在冲击面前抵御力严重不足，巨额亏损高达700 亿美元，在短短的一周内，市值损失近半，并最终不得不被政府接管；2008 年 9 月，美国第四大投资银行雷曼兄弟因严重的财务危机，宣布申请破产保护，严重挫伤了公众对市场的信心，危机进一步恶化。全球顶级券商美林被美国银行收购；美国前两大投行巨头摩根斯坦利和高盛公司获批转为商业银行；美国著名的华尔街五投行在这场危机中遭受重创，无一幸免。全美最大的储蓄及贷款银行华盛顿互惠公司被美国联邦存款保险公司接管，成为美国最大规模的商业银行倒闭案。

（2）危机向实体经济的传导。次贷危机愈演愈烈，资产价格一路向下，商业银行开始惜贷，市场流动性趋紧，最终出现信贷紧缩，贷款市场信贷缺口巨大。持续的信贷紧缩必将会引发实体经济的衰退，一旦企业的银行融资渠道受阻，投资无法维持，资金链难以正常循环，亏损甚至破产将不可避免，商业银行贷款的到期还款率会大幅降低，不良贷款急速上升，而这会进一步削减商业银行发放贷款的能力及意愿，信贷更加紧缩，去杠杆化更加严重，流动性严重短缺，企业经营越发困难，经济衰退接踵而来。金融体系的去杠杆化过程及信贷紧缩行为与实体经济中各企业流动性短缺严重存在着相互的强化机制，前者会恶化实体经济中的资金短缺问题，后者又会推升各金融机构的风险，严重弱化其为经济发展提供资金基本功能的正常发挥。

由于次贷危机中资产价格的持续大幅下跌，使得美国民众财富缩水严重，使其一直以来"借债超前消费"的模式难以继续，通过消费信贷获得未来流动性的难度加大，消费不得不严重削减，而美国经济增加最主要的动力就是美国民众强大的消费力。可想而知，消费的下降给经济带来的巨大冲击，此外，占投资绝大比重的房地产投资受房价下跌的影响在 2007年开始下滑，2010 年下滑至谷底，仅有 3969 亿美元，较 2006 年下降高达54 个百分点，投资疲态已然形成。

至此，源于金融市场的次贷危机迅速传染至经济的实体领域，企业受金融机构信贷收紧的影响，流动性不足，资金缺口大，出现巨额亏损；民众消费力因难以继续获得消费信贷的支持，严重削减；企业投资因融资渠道受阻难以顺利进行，实体经济遭受重创。

6.1.2　中国银行脆弱性到金融危机的成功阻隔

世界著名经济学家麦金农的理论认为，"金融压抑"在绝大多数的发展中国家普遍存在，主要原因是这些国家的金融业处于起步阶段，发展缓慢；且制度上存在很多缺陷与不足，导致腐败丛生、政府过于干预市场配置资源的过程，这些在一定程度上成为阻碍经济快速增长的"瓶颈"。发展中国家要成功解决金融压抑问题，需要借鉴西方发达国家的金融发展模式，对金融业进行改革，限制政府在金融领域的各项管制及干预行为，为金融自由化发展的道路创造条件。但是，早在 2004 年，麦金农就在中国人民大学的一次公开讲座中明确提出，中国同样存在政府过多干预与管制等，极易诱发金融压抑问题的出现，但令人难以相信的是，我国在还未进行金融自由化改革的情形下却成功地克服了金融压抑问题。显然，这是需要我们去深入研究的一个经济学谜题。其实，正如在刘骏民和季益烽（2013）的研究中所指出的，由于银行等金融机构发挥促进经济快速增长的主要渠道是为正在发展的企业提供其所需要的资金，在这个意义上，"金融压抑"问题是否存在，其本质就在于经济中具备成长壮大的企业能否通过金融机构获得所需资金。一旦经济中真正的优质企业具有顺畅的融资渠道，可以得到经营所需贷款，经济势必持续增长，金融压抑问题则无从谈起。刘骏民教授用一个简单形象的比喻，清晰地展现了中国未进行金融自由化却成功避免金融压抑问题的逻辑。假定一个经济社会有申请贷款需求的企业总共是 100 家，但这 100 家企业并非都是优质企业，需要进行辨别，假设其中优质企业达到 50 家，如果金融机构（主要是银行）通过甄选，将这 50 家优质企业选出，批准其贷款申请，则势必会带来经济的增长；而一旦银行甄选失误，将其他 50 家非优质企业选出，我们将其称为"假企业家"，则结果就大相径庭，不但不会带来经济增长，还会恶化银行等金融机构（我国主要是银行）的呆坏账，提升银行机构本身固有的脆弱性水平，任其发展积聚，则更可能引发类似美国的金融危机。由于我国金融业的不发达，各项甄别机制不健全，为避免"金融压抑"，我国采取的解决办法是批准所有的或绝大多数的贷款申请，这样可以保持经济的持续增长，但同时也带来了呆坏账的快速增长。因此，未实施金融自由化的发展模式，与企业筹资困难并不是一对双胞胎，我国通过上述的解决方式（相关的金融改革，比如"拨改贷"等金融实验）做到了确保企业融资渠道的畅通，保持经济持续的增长，但这一方式付出的代价就是大量不良贷款的产生，推高银行脆弱性水平，施华强（2005）的估算显示，若剔除政策剥离的影响，1999 年我国的国有商业银行不良贷款余额高达 2.82万亿元人民币，不良贷款率激增到 1994 年以来的历史峰值 44%，2000 年更是跃升至 55% 的历史高位，不良贷款余额达到 3.69 万亿元人民币，如此高的不良贷款占比，使得银行脆弱性水平凸显。不良贷款问题必须得到解决，是通过银行破产倒闭，更为甚者会引发金融动荡或金融危机；还是选择将其从银行资产中"剥离"，或者说银行的账面游戏（从而可以避免银行破产倒闭对经济带来的难于估值的冲击）方式来解决。我国选择了后一种解决方案，该方案最核心的优势就是：银行可以较长期承受大量的持续增加的不良贷款，脆弱性水平可以很高但仍然可以正常发挥货币供给的职能而不倒闭，也就不会引发金融危机。

以上分析表明，探究我国银行脆弱性到金融危机的成功阻隔这一特殊的中国经济现象具有很强的理论及现实意义，接下来我们主要从制度因素来分析。

6.1.2.1　我国商业银行不良贷款形成的原因

我国商业银行（主要指国有商业银行）大量不良贷款形成原因较为复杂，不仅有银行自身经营管理水平不高的影响，也有外界政府不当干预及相关体制及制度安排的不合理，还与经济转型的特定历史时期（如拨改贷、不良贷款核销制度金融改革）密不可分。具体分析如下：首先，我国银行对信贷管理明确提出要遵循"三查"制度，但制度执行不彻底，往往贷前调查不充分，贷中审查流于形式，贷后检查形式化且未建立相关的退出机制；银行内部员工风险意识不足、职业规范及职业道德教育不到位，违规操作时有发生；国有银行长期以来"重贷轻管"的思想理念，使其对不良贷款问题难以做到早发现、早预防，也无法及时将其化解，以防积聚。其次，我国政府对国有商业银行的管制及干预较多，国有银行的管理体制一直沿用"参照政府"的模式，各部门负责人具有相应的官职级别，惯性地执行着官本位的管理理念，而且在我国融资渠道单一，金融资源一直以银行体系为核心，其中国有银行一直占据垄断地位，在金融资源的分配问题上更有话语权，在各种利益诱使下，银行工作人员具备很强的"设租"动机及先天条件，使逐利企业的"求租"行为成为可能，银行工作人员（银行贷款长期以来实行的首长决定制）在极富吸引力的租金面前不惜违规操作，进行钱权交易等，使国有银行的贷款管理混乱，贷款质量难以得到保障。再其次，国有商业银行产权制度安排存在产权界定不清晰的根本缺陷，从而使得企业还款违约频发。在我国，法律规定国有商业银行唯一的合法所有者是国家，而国家这个唯一的所有者必须通过选择代理人的方式对国有资产进行管理，但该代理人对其管理资产的收益分配不具备完全权利，因此，难以对其进行全面地监督与激励的动机。此外，由于债权人国有商业银行和其主要债务人国有企业的产权主体均为国家，因此，二者之间的债权债务关系大打折扣，就如"自家人欠自家人"，违约成本大为降低，造成贷款企业违约率提升，甚至存在恶性故意逃避债务。在廖文义（2003）的研究中明确提到，2000年，我国五家国有商业银行，工、中、建、农、交拥有的改制企业达到62656家，贷款本息合计达到5792亿元，其中，发生逃废债问题的企业就有32140家，占比为51.29%，违约贷款的本息合计为1851亿元，而且在逃废债企业中，国有企业占比为69.37%，涉及的贷款本息合计占比为68.77%。最后，国有商业银行不良贷款问题是我国经济体制进行渐进改革付出的代价。在计划体制时代，我国银行的管理体制是"大一统"，风险意识及风险管理非常薄弱，对不良资产更是没有基本的认识，银行对信贷管理基本不需要做任何决策，资金由国家统一调配划拨，商业银行只是贷款过程的最后一步，其职能相当于资金管理的出纳，这一时期没有不良贷款。1984年，我国开始探索建立有计划的商品经济体制，开启向市场经济的转轨，但历史原因形成的行政指令式的计划体制管理理念仍在继续，典型的表现就是，虽然在1983年，国务院决定由中国人民银行专门行使国家中央银行职能，随后我国成立了四大专业型银行，不再对国有企业实施资金划拨，但对贷款规模进行直接控制，并对银行贷款进行行政干预，为国有企业的贷款提供各项显性及隐性的支持。1993年，我国进一步确立了建设更有效率的社会主义市场经济的发展目标，我国银行体系仍然延续着行政指令式的计划体制管理理念，这一路径依赖难以被改革的浪潮打破。而在我国资本市场等又处于起步阶段，通过银行的间接融资（银行贷款）是企业获得发展所需资金的主要渠道，但由于贷款管理理念对计划路径的依赖，阻碍了商业银行信贷管理制度的市场化改革，在原制度、老观念的影响下，国有商业银行无论如何都无法成长为真正的市场经济中的银行，大量因违规操作、管理不善等原因而形成的不良贷款不断积聚，成为我国进行渐进改革确保经济增长的间接成本。事实上，我国的不良贷款问题，在计划体制时期是几乎不存在的，其主要在向市场经济转轨的时期形成。中国人民银行发布的一项调查数据显示，在我国商业银行大量不良资产的形成过程中，因计划失当与行政干预产生的占到 30%，因政策强制国有银行要求批准国有企业贷款申请，但最终违约的达到 30%，因国有商业银行自身有限的管理水平形成的达到 20%，其他约占 20%。[①]

6.1.2.2　我国商业银行不良贷款的及时处置避免了金融危机的发生

自 1999 年，我国组建四家资产管理公司来对口接收四大国有商业银行的不良贷款，剥离了大约 1.4 万亿元的不良贷款。统计数据显示，至 2003 年 6 月，共处置了 3618 亿元的不良资产，收回现金 792 亿元。与此同时，自 2000 年，四大国有商业银行也启动了内部处置的各项积极措施，从而开启了内部处置与外部处置的并行，处置不良贷款收到积极成效。考虑政策剥离因素的影响，2000 年，国有商业银行账面不良贷款率降至 29.18%，较 1999 年下降了 25%；2005 年一季度账面不良贷款率降至 15%，不良贷款余额降至 15670 亿元[②]。不良贷款通过这一方式得到解决的同时也就成功化解了金融危机的发生，该方式只是一个账面游戏，对商业银行为经济增长供应所需货币资金核心功能并未带来任何阻力，更不会出现风险由银行体系向整个金融系统的蔓延，使金融危机在我国不具备培育的土壤。何光辉（2004）通过构建模型，论证了不良贷款的最优处置方式，根据银监会公开披露的数据，截至 2004 年末，我国商业银行不良贷款余额是 17176 亿元，不良贷款率为 13.2%，虽然较 1999 年的高峰下降显著，但同 2006 年大量入驻的不良贷款率平均仅有 2% 的外资银行相比，差距还是很大，此时政府介入对不良贷款进行剥离的效率显然要优于银行自身进行清理。[③] 但是剥离要适量，一旦不良贷款率降至临界值，不良贷款的最优处置方式便不再是政府接入的外界剥离，而是银行实施的自行剥离。事实上，政府对商业银行不良贷款进行直接剥离本就应该是一种应急处置，而不是一种常态行为，但作为一种非常时期的制度安排却是一种宏观智慧的体现，是非常必要的。我国在经济转轨期，为维持经济的持续无间断的增长，商业银行尤其是国有商业银行发挥了无可替代的作用与功能，同时也积累下不良贷款问题，出现大量呆坏账，非常规问题的解决需

---

① 资料来源：中国人民银行，http://www.pbc.gov.cn/。
② 资料来源：Wind 数据库。
③ 资料来源：中国银行保险监督管理委员会，http://www.cbrc.gov.cn。

要非常规的制度，对呆坏账的直接剥离体现了我国在处理经济发展与稳定关系上的集体智慧，可以说呆坏账的剥离制度成功避免了我国在持续快速增长过程中累积起来的金融风险的爆发，成功阻隔类似发达资本主义国家出现的因呆坏账集中引发银行倒闭继而发生金融危机链条的传播。

6.2 美国金融危机的救助

本节从历史发展视角对比分析了美国政府对 1929 年经济大萧条和 2007 年次贷危机的救助行为。

6.2.1 美国 1929 年经济大萧条的救助

以下我们从 1929 年经济大萧条的爆发原因和政府救助两方面来回顾美国 1929 年经济大萧条的救助。

6.2.1.1 1929~1933 年美国经济大萧条的发生

20 世纪 20 年代的美国，经济繁荣、资金充足、物质丰厚。大量资金流入股市房市，到处充斥着"投机"，以实现快速致富，股票等资产价格漫天飞涨。为了抑制经济的异常过热，打击投资炒作，美联储提高利率到 5%，与此同时，为防止黄金流出和维持英镑汇率，英格兰银行于 1929 年 9 月 26 日，提高再贴现率到 6.5%，次日从纽约市场撤回的资金高达数亿美元，证券价格大幅下跌，美国 1280 家品牌企业股票在 1929 年 10 月 24 日出现集体下跌，局面难以控制，恐慌情绪笼罩着美股市场。1929 年 10 月 29 日，美国股市一开市，在极度的恐慌情绪下，灾难终于发生了，股民不计价格进行抛售，收录器甚至来不及显示下跌的行情，创下单日成交 16410030 股的历史记录，道琼斯指数单日大幅下跌23%，[①] 股市的"黑色星期二"拉开了经济大萧条的大幕。深信个人奋斗和自由竞争的市场制度是可以解决一切问题的美国总统胡佛，期初不认为危机会继续恶化，他相信自由放任的市场对经济的调节不会失灵，政府不需要干预，政府对难民的救济和对受困机构的救助都只会加剧贫困和困难本身，助长"不劳而

---

① 资料来源：美国联邦储备局，https：//www.federalreserve.gov/；美国经济分析局，https：//www.bea.gov。

获"，毁坏美国经济的"自由根基"，因此，市场的"自我疗伤"是最佳选择。为保护战后迅速恢复的欧洲国家商品出口对美国国际贸易市场的冲击，美国政府在 1930 年 6 月 17 日颁布法案对高达 3000 多项的进口商品征收 60% 的高关税，引发全球的贸易壁垒战，各国纷纷提高关税进行报复，国际贸易在这一时期几乎停滞，1932 年的全球贸易量大幅萎缩，下降到不到 1929 年的 50%。与此同时，美国国内大批企业破产倒闭，银行停业，据统计，截至 1932 年，美国工业生产指数与 1929 年相比下降了 47.3%，其中，下降最多的是钢铁和汽车，分别为 80% 和 95%，倒闭企业为 13 万多家；道琼斯指数大幅下跌高达 80%；倒闭银行数 1400 家。进入 1933 年，情况越发恶化，美国股票市场市值大约蒸发了 5/6，高达 740 亿美元；面临破产银行比例达到 49%，大约 10500 家，其中，约有 5000 家银行破产，6000 多家银行通过向金融重建公司以发行特别股借款来度过危机，美国金融系统基本全面瘫痪。

6.2.1.2　美国政府对大萧条的救助

在 1929 ~ 1933 年的经济大萧条中，美国损失惨重，美国政府对此次危机的救助政策也受到批评。期初是胡佛总统领导的美国政府，深信自由放任的市场可以解决一切问题，对经济前景过于乐观而采取不作为，任由股市灾难对经济侵扰和渗透。之后经济更加恶化，胡佛政府不得已出台了一些救助政策，比如，1930 年的扩建公共基础工程，但由于仍然坚持自愿原则以及追求财政预算的平衡，在经济衰退、财政困难的背景下，注定以失败收场；1932 年，又通过大幅提高税收的《增税法案》，救助立场摇摆不定。但在总统大选的压力下，1932 年，胡佛政府被迫加大对经济的干预，提议建立金融复兴公司 REC，以帮助银行、保险和信托公司以及各种信贷协会等渡过困难，维持金融稳定，后期金融复兴公司还放宽对一些公共基础工程给予贷款支持；且通过颁布法令维持金融稳定，但效果均不理想。

由上可见，胡佛政府对大萧条的救助在自由放任思想的禁锢下，反应迟缓，延误了救助良机，且救助力度与全面大规模的国家干预相差甚远，使经济难以摆脱继续衰退的困扰。

这种摇摆不定，接近"无为而治"的危机救助直到 1932 年 11 月，罗斯福当选新任美国总统才开始好转。1933 年，在美国金融系统基本全面瘫痪和极度悲观的情绪下，罗斯福政府实施了《百日新政》。颁布实施了

700多项法令，以帮助金融、农业、工业等走出衰退，全面恢复经济，对前期失业者进行各项救助，并对垄断进行大力改革。本书在此只对涉及金融机构及金融稳定的救助进行重点阐述。新政规定，对陷入危机的银行，给予付款延后，并颁布"紧急银行法令"，授予政府35亿美元额度的贷款计划帮助大银行摆脱危机；为解决金融体系流动性不足，要求各州联邦储备银行增发货币，准予复兴金融公司通过购入优先股为银行注入流动性；同时为抑制恐慌情绪的蔓延，重建民众对银行的信心，政府颁布了"存款保险法"，规定政府对存款安全提供保障，此外还通过了《格拉斯—斯蒂格尔法》，实施分业经营，将投资银行从商业银行中剥离，同时要求建立联邦储蓄保险公司；对在危机期间仍保持营业的银行给予扶持，大约为6000多家银行提供30多亿美元支持；政府还通过了《放弃金本位法令》和《黄金储备法令》宣布美元不再与黄金挂钩，美元迅速贬值接近41%[①]，大大改善了商品在国际贸易中的出口竞争力；为消化美元贬值引发的物价上涨，将工人工资提高。伴随着这些政策的顺利实施，截至1934年4月，银行回流资金达到10多亿美元，储蓄大幅提升，黄金又重新回到储备银行，银行基本趋于稳定。

6.2.2　美国2007年次贷危机的救助

6.2.2.1　救助政策安排

（1）救助时机的选择。救助计划介入时机的选择对其效果有着决定性影响，现代金融危机由于各金融机构纵横交错的联结，传播速度非常之快使得危机形势的发展瞬间改变，难以预测。政策介入的最佳时机转瞬即逝，因此，救助政策的推出需要快速决断，及时推出，任何原因的拖延都可能错过最佳时机，导致效果大打折扣，或者政策成本大大提升。

美国政府在本次金融危机的救助中，伴随着金融危机的发展，其救助政策推出的及时性处于动态调整中：在危机前期政策反应不够迅速及时，导致次级贷款问题没得到控制，并向次级抵押债券等金融市场蔓延；但在危机传播期间，一系列大规模的救助政策安排准确及时地推出，成功避免了美国金融机构及金融市场的全面崩溃。具体分析如下：

---

① 资料来源：美国经济分析局，https://www.bea.gov.

图 6.1 为美国次级贷款总体的断供比例，如图 6.1 所示，自 2006 年第四季度次级贷款违约率开始有明显的上升，但这一现象并未得到足够的重视。

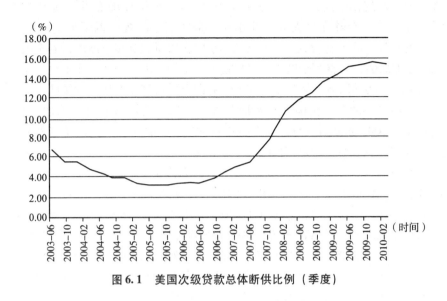

图 6.1 美国次级贷款总体断供比例（季度）

2007 年 2 月，提供次级贷款的几家重要金融机构受次贷问题的拖累，花旗银行发出巨额亏损的预警，汇丰银行开始为次级抵押房贷进行拨备计提，美国最大的次级房贷公司 Countrywide Financial Corp 宣布减少房贷。2007 年 4 月，美国第二大次级贷款机构新世纪金融公司宣布濒临破产，申请破产保护，次贷危机的大幕快速被拉开。2007 年 6 月，美国第五大投行贝尔斯登宣布旗下两支对冲基金，因其购买产品主要为评级较差的 MBS、CDO 等金融创新产品，财务报表显示巨额亏损，自此拉开了贝尔斯登公司和那些华尔街投行巨头们危机的序幕。但是，美国政府对此次次级贷款问题的认识不够深入，做出错误的判断，美联储行动迟缓，直到 2007 年 8 月才开始进行救市安排。美国政府认为 8000 亿美元的次级贷款问题相对于美国庞大的金融市场，简直就是一个可以不予理睬的小问题；而当次贷问题拖累到以次贷资产为基础的债券市场时，1.3 万亿美元的次贷抵押债券相对 12 万亿美元的抵押债券市场的规模，依然未能得到美国政府的关注，这主要是因为美国政府过于乐观的估计，殊不知，伴随美国经济虚拟化的快速发展，次贷问题的出现仅仅是浩瀚海洋上浮出水面的冰山一角，海水之下庞大的冰山才是真正令人不安的所在，他们甚至可以拖垮一艘巨艇、一个国家。美国近些年依靠其在国际货币体系中的霸主地位，主要依靠虚拟经济（金融、房地产及职业服务业）创利的发展模式，使得其金融资产种类及规模空前，以次级贷款为基础的 CDS 和 CDO 的规模就能达到 65 万亿美元；全球在过去的十几年间，金融衍生品规模翻了数倍，从 40 万亿美元到 500 万亿美元，[①] 可以说小小的次级贷款其实早已渗透到金融体系的方方面面，与整个金融资产盘根错节，交织成网，因此，注定这场始于次级贷款市场的风波，从产生之初就带有向金融市场全面传播的属性。

接连发生的金融机构巨额亏损及破产申请，美国政府再也无法坐视，美联储于 2007 年 8 月 9 日，向金融市场注资 240 亿美元，同时美联储 9 月开始宣布降息，截至 2008 年 12 月，利息水平降至 0 ~ 0.25% ;[②] 而且美联储还循序渐进地数次下调再贴现利率，并规定根据需要可延长贷款期限。面对次贷危机的升级，美联储积极推出多种创新金融工具：比如，短期拍卖工具 TAF、一级交易商信贷工具 PDCF、短期证券借贷 TSLF、货币市场互助基金流动性工具 AMLF 等，具体分析将在下文展开。在本次危机的政府救助中，美联储还联合财政部等多部门以及世界各国开展合作救助。

（2）救助主体。本次美国次贷危机的救助主体主要有：政府救助、金融机构自救、同业等外部救助以及国际合作救助。

政府救助，如美联储实施的各项常规货币政策（降准降息）及多项针对性强的创新货币政策工具，美联储联合财政部启动的各项救助计划，如经济刺激计划、资本金救助、注入流动性以及提供债务担保、实施国有化等。在美国金融危机中，大规模的金融机构出现巨额亏损，损失惨重，但他们并没有因此坐等外部救助，自身采取了一系列的自救措施，如启动裁员计划，调整利润分配方案，优化资产结构（剥离一些损失较大的非主营业务，进行内部优先股认购筹集资金等）。本次危机救助的过程，国际合作的开展是一大亮点，随着金融危机的升级，美联储与欧盟国家、英国、瑞士、加拿大、澳大利亚、韩国、新西兰、丹麦以及挪威等多个国家签署货币互换协议，支持各国央行向其国内商业银行注入美元流动性。此外，国际合作还包括类似我国的投资公司向美国摩根斯坦利集团注入 50 亿美元资金。由此可见，本次次贷危机的救助，不同主体根据危机发展需要协调配合，各有侧重。

---

① 资料来源：美国经济分析局，https：//www.bea.gov.
② 资料来源：美国联邦储备局，https：//www.federalreserve.gov/.

（3）救助对象。根据最后贷款人理论，关于救助对象的确定仍有争论。索罗（Solow，1982）主张由于银行倒闭对整体金融市场信心的极大破坏，因此，当银行即将倒闭无论其是否具有清偿能力，政府均应救助。考夫曼（Kaufman，1991）提出道德风险问题在政府决策救助对象时必须纳入考虑，向清偿力不足的银行提供救助，将引发金融业的道德风险集中爆发，因此，不主张救助欠缺清偿力的金融机构。但在本次次贷危机中，雷曼兄弟在未得到政府救助的困境中倒闭引发金融市场动荡和信心坍塌，迫使美国政府在其后选择救助对象时，更多考虑的是其传染风险而非道德风险，本次救助主要是那些具有系统重要性的大型金融机构，包括商业银行、投资银行、保险机构等。比如，花旗银行、贝尔斯登投资银行以及AIG保险集团等。

（4）救助政策。

第一，美联储的救助政策。对美联储救助政策的分析中，主要从其制定实施的常规货币政策的救助及创新的货币政策展开。

美联储实施的常规货币政策包括：2000年9月开始宣布降息，截至2008年12月，数次降息后，美联储基金利率累计下调500个基点，利息水平降至0～0.25%，如图6.2所示。美联储还循序渐进地数次下调贴现利率，同时根据需要可延长贷款期限，如图6.3所示，截至2008年12月，美国贴现利率已由2007年8月的5.75%，经过数次下调至0.5%的低水平。

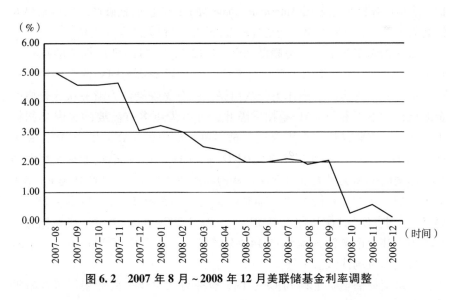

图6.2 2007年8月～2008年12月美联储基金利率调整

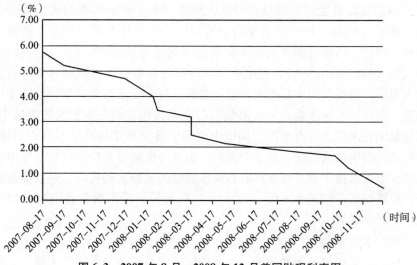

图 6.3　2007 年 8 月 ~ 2008 年 12 月美国贴现利率图

尽管美国政府积极推行一系列的救助计划，但仍然无法阻止次贷危机的蔓延和传播，很多金融公司仍然深陷巨额亏损的漩涡中，甚至不得不申请破产保护。花旗银行 2007 年第四季度亏损额高达 98 亿美元，成为 196 年发展史中最大的单季度亏损，美林 2007 年第三季度亏损 79 亿美元；2007 年 8 月，美国第十大抵押贷款机构——住房抵押贷款投资公司正式申请破产保护，房地产投资信托公司 American Home Mortgage 也面临破产。面对来势汹汹的危机，美联储同时借鉴历史经验及时推出多种创新金融工具。

短期拍卖工具 TAF。美联储 2007 年 12 月 17 日，推出创新的操作工具——TAF，即短期拍卖工具，由于这一工具对贷款机构的保密性较强且可以接受更多种类的资产作为贷款担保，所有美联储认为财务状况合格的金融机构均可以参与 TAF 竞拍，因此，可以为更多有需要的金融机构提供流动性。美联储还根据需要适时推出更长期限的 TAF，最初只有 28 天期限的 TAF，后来还推出了 84 天期限的 TAF。美联储通过每月两次的 TAF 拍卖向市场提供大量流动性，从初期的 200 亿美元、300 亿美元、500 亿美元到后来的 750 亿美元、1500 亿美元，期限有 13 天、17 天、28 天、84 天等。据统计，次贷危机爆发以来，截至 2008 年 10 月底，美联储通过 TAF 拍卖共向市场注入流动性 14803 亿美元，之后截至 2008 年 12 月 31 日，再次向市场注入流动性达 3806.5 亿美元。

一级交易商信贷工具 PDCF。TAF 服务对象主要是商业银行等存款类金融机构，但同样陷入巨额亏损中，经营困难的投资银行以及基金等金融机构依靠自身救助很难摆脱继续亏损的厄运，美联储针对投资银行为主的一级证券交易商，2008 年 3 月 16 日首次创新推出 PDCF，其主要功能是为符合条件的一级交易商提供隔夜拆借服务，它可以接受范围广泛的抵押品，不仅包括公开市场业务上的抵押品，还接受评级为投资级的公司债券以及其他的资产支持债券。PDCF 无借款金额上限，期限可申请延长，上限为 120 天。

短期证券借贷 TSLF。2007 年 6 月，美国第五大投行贝尔斯登宣布旗下两支对冲基金，财务报表显示巨额亏损，8 月宣布倒闭，次贷风波正式波及金融市场。为缓解华尔街投行等一级交易商的流动性危机及贝尔斯登破产引发的金融市场恐慌情绪，美联储于 2008 年 3 月 27 日启用短期证券借贷 TSLF，TSLF 的参与主体广泛，但主要是投资银行等一级交易商，TSLF 为市场注入流动性的方式主要是一级证券交易通过其抵押资产与美联储的国债进行置换，期限为 28 天，到期购回。至 2008 年 9 月，美国第四大投资银行雷曼兄弟宣布破产，危机进一步恶化，为防止该事件对市场信心和流动性的双重打击，美联储于 9 月 15 日将合格抵押品范围扩大，将投资级债券纳入。统计数据显示，次贷危机以来至 2008 年 11 月 10 日，美联储通过 39 次 TSLF 操作向市场注入 12832 亿美元[①]。

货币市场互助基金流动性工具 AMLF。2008 年 9 月雷曼兄弟的倒闭，引发市场动荡，货币市场上大量共同基金因投资者的撤资行为而出现流动性困难。美联储于 9 月 19 日宣布推出货币市场互助基金流动性工具 AM-LF，旨在帮助货币市场共同解决流动性困难。AMLF 以贴现率向合格的金融机构提供贷款，该贷款不具有追索权，主要用于购入货币市场上共同基金持有的资产抵押商业票据。通过这一方式支持共同基金对投资者赎回行为的资金需要。由此可见，AMLF 同时为货币市场及商业票据市场提供了流动性。据统计，美联储通过 AMLF 为金融机构购入资产抵押商业票据注入了约 2300 亿美元。[②]

此外，伴随危机的进一步恶化，美联储还根据需要继续推出商业票据融资工具 CPFF，货币市场融资工具 MMIFF 以及 TALF。本书在此不一一赘述。

第二，美联储与财政部及其他部门的联合政策。在本次危机的救助过

---

①② 资料来源：美国联邦储备局 https：//www.federalreserve.gov/.

程中，危机发展速度之快，波及范围之广，美联储联合财政部，启动多项救助计划，为一些重要但陷入困境的金融机构提供多种注资救助。2008年9月，雷曼兄弟的倒闭对金融市场带来巨大的冲击，恐慌情绪蔓延，迫使美国政府结束了犹豫期，美国财政部于2008年9月7日接管"两房"，购入"两房"提供担保的债券，并注资2000亿美元以补足其资本金。此外，美国财政部联合美联储于9月20日推出金额高达7000亿美元的救助方案，但该计划遭到美国众议院的反对，之后不断修改，最终于10月2日在表决通过的方案中救助金额提高到8500亿美元，其中，2500亿美元用于购入陷入困境的金融机构股票，以增加其资本金。在美国政府颁布实施的《2008年紧急经济稳定法案》中明确要求财政部负责制订处理资产损失的计划安排，为落实该法案的实施，专门成立了金融稳定委员会监督执行，以真正实现金融稳定，减轻危机对金融市场的破坏。法案颁布后，财政部于10月26日同9家主要银行签署合同，合约规定财政部将陆续向其注入资金1250亿美元；2008年11月，财政部购买AIG公司400亿美元的优先股，向花旗银行注资200亿美元，为花旗银行高达3060亿美元的资产提供担保；同时美联储向AIG公司提供紧急注资850亿美元。①

2009年1月，美国政府又推出救助金额高达7870亿美元的计划，且颁布了《2009年美国复苏和再投资法案》，以确保该计划的顺利实施。此次救助计划主要针对受金融危机拖累的实体经济。美国汽车工业受金融危机冲击明显，大规模的汽车企业巨额亏损，美国财政部于2008年11月13日宣布将针对汽车工业进行救助的安排，12月10日该计划向大型汽车企业，如通用和克莱斯勒等提供高达140亿美元的贷款支持，但最终未能表决通过。白宫于12月19日宣布向汽车制造企业给予174亿美元的贷款救助，以帮助汽车产业渡过难关。

6.2.2.2　本次美国政府救助的特征

（1）本次美国政府对金融危机的救助，与1929～1933年的美国经济大萧条期相比，虽然不能说非常及时，但总体来说，当意识到危机的严重性时，快速接受市场失灵的存在，积极推行各项救助安排为时不晚。

（2）美联储在本次救助计划中全面突破作为最后贷款人进行救助的经典原则：救助对象限于流动性危机而非清偿力不足的金融机构；救助金融

---

① 资料来源：美国联邦储备局，https://www.federalreserve.gov/.

机构拥有合格的抵押品。在危机不断升级恶化就像瘟疫一样快速传播的过程中，流动性危机极易瞬间转化为清偿力危机而引发破产倒闭事件，其给金融市场带来的信心恶化和冲击是很难估计的，美联储作为最后贷款人最基本的职责就是保证金融市场的稳定，因此，为避免一起倒闭事件可能引发的整个金融市场的动荡，必须快速做出反应，救助的根本目标是防止倒闭事件引来的系统性危机，即使银行陷入清偿力危机之中，但如果一旦倒闭将会引发系统性危机，破坏金融稳定，最后贷款人就应该提供救助。比如，著名的美国"两房"公司，2007年出现资本严重不足的情况（核心资本832亿美元，债务和担保5.2万亿美元），但由于其业务范围之广，规模之大，一旦其倒闭必将引发系统性风险，美联储与财政部均积极进行各项救助安排。美国政府在对大型金融机构的救助中，随着形势的发展，为帮助各金融机构获得救助避免破产，不断创新各种货币政策操作工具，将合格抵押品范围一扩再扩，除了国债外还将政府债券、公司债券及其他资产支持的证券等纳入。总之，美联储的救助计划打破了最后贷款人的原则限制，除了常规的救助政策外，还对货币政策进行了大量创新以提供流动性。

（3）救助对象空前。传统理论上，危机期间政府提供救助的对象主要是存款类金融机构，在此次危机救助中，政府救助对象拓宽到大型投资银行、对冲基金以及保险机构等非银行金融机构。比如，花旗集团、摩根斯坦利、贝尔斯登对冲基金以及AIG保险集团等。这是因为美国自20世纪80年代以来，倡导金融自由化，金融创新浪潮席卷美国大地，各种金融创新产品、工具及业务等衍生品不断涌现，各类金融机构界限模糊，混业经营成为趋势。金融机构之间也因为大规模频繁交易而连接紧密。在高利润的驱使下，金融创新步伐越来越快，一些非银行金融机构，比如，投资银行、对冲基金公司、私募公司、证券公司、金融控股公司以及类似"两房"的政策性信用机构应运而生且发展迅速，在短短数年间，就成长为与商业银行平行、不可或缺的金融机构。数据显示次贷危机之初，美国的非银行金融机构拥有的账面总资产为15万亿美元，而同期商业银行的账面总资产为10万亿美元。这些金融机构的典型特征是其杠杆化的盈利模式，据统计，这些非银行金融机构在危机爆发前，在追求巨额利润动机的驱使下，杠杆率普遍很高。比如，2007年，美国主要的投资银行杠杆率在30%~40%，同期对冲基金杠杆率超过50倍，主营住房抵押贷款的"两房"杠杆率高达62.5%，如此高的杠杆，在流动性不足、大量抛售资产的冲击下，将会引发资产一泻千里式的贬值，系统性风险瞬间被推至浪尖，难以控制，金融机构的脆弱性被急速放大。另外，由于非银行金融机构主要从事金融衍生品及各种金融创新的交易活动，往往很小的资本金却从事着极大规模的经过层层创新早已摆脱了监管束缚的衍生品交易，一旦市场开始转向恶化，高杠杆的频繁交易将使资产价值像过山车一样从最高处迅速下跌，引发流动性危机，危及金融机构的稳定。事实上，商业银行在巨额利润的驱使下，早已融入这场金融创新的盛宴，使得金融体系不再具有防火墙的保护。因此，一旦环境恶化，首先，往往被拖垮的虽然是非银行金融机构，但商业银行却也无法幸免，爆发严重的系统性危机。雷曼兄弟的倒闭，引发金融市场动荡，出乎美国政府的预料，但也启发政府清楚地意识到金融创新的迅猛发展，早已将传统的存贷款机构与非传统的金融机构融为一体，危机救助对象不应再墨守商业银行的底线，应该突破性地纳入非银行金融机构。

（4）国内及国际的合作救助。面对爆发之初就带有系统性的金融危机，美国政府积极开展各种合作救助是本次救助的一大亮点。在美国国内，美联储与财政部在危机救助中通力合作，密切配合。美联储作为货币政策制定部门及最后贷款人，在救助中主要负责缓解各大金融机构及市场上的流动性不足问题，同时降低各种资金获得成本，维持金融市场稳定；财政部则通过注入资金及资产置换等方式来处置大型金融机构的不良资产，同时制定经济刺激政策如减税等。随着危机的迅速恶化，大规模的金融机构陷入流动性危机中，资本严重不足，亏损不断升级，破产风险增加，信心不足及恐慌情绪笼罩着整个市场。此时，美联储主要提供的流动性救助显得力不从心，同时需要联合财政部等部门进行资本金注入及购买资产、提供担保等快速有效的方式救助金融机构。比如，2008 年 7 月，在对陷入破产危机的房利美及房地美的救助中，美联储授予"两房"公司在纽约联储银行的贴现窗口直接借款的特权，财政部宣布接管"两房"，为其巨额债务提供担保，将纽约联储银行设为政府向其提供贷款的合法代理账户。此外，在对著名的美亚保险（AIG）公司的救助中，2008 年 11 月，财政部购买美亚保险（AIG）公司 400 亿美元优先股，同时，美联储向美亚保险（AIG）公司提供紧急注资 850 亿美元。[①] 这种美国国内各部门尤其是美联储与财政部对问题金融机构的合作救助比比皆是。此外，在本次

---

① 资料来源：美国联邦储备局，https：//www.fedaralreserve.gov/.

危机救助过程中合作救助的开展还包括国际合作。随着金融危机的升级，美联储与欧盟国家、英国、瑞士、加拿大、澳大利亚、韩国、新西兰、丹麦以及挪威等多个国家签署货币互换协议，支持各国央行向其国内商业银行注入美元流动性；此外，国际间金融机构也有合作救助，比如，我国的投资公司向美国摩根斯坦利集团注入 50 亿美元资金。[①]

以上分析表明：与美国 1929～1933 年的经济大萧条的政府救助相比，本次金融危机的政府救助更加全面而成熟，具体表现在开展救助时机较为及时；美联储突破了最后贷款人救助对象的限制，将救助对象拓宽到大型投资银行、对冲基金以及保险机构等非银行金融机构；既借鉴常规的货币救助政策，同时根据需要创新了多项货币政策工具以缓解流动性危机；深入开展了各项合作救助，比如，美国国内伴随危机恶化，政府放弃自由市场，财政部走向救助前台，与美联储协调合作救助重要的陷入危机的金融机构；由于此次危机的全球性，美联储与国际上多个国家签署货币互换协议，支持各国央行向其国内商业银行注入美元流动性等国际合作，此外，国际间金融机构也有合作救助。

6.3 "预防—监管—救助"三位一体的危机处置方案

本节在前文分析的基础上，构建了"预防—监管—救助"三位一体的危机处置方案，提出以"预防"为主的原则，对金融机构表内表外各项业务施以有效的监管，并做好"应急"处置的预案，以尽量缩减其对经济发展的危害。

6.3.1 预防银行脆弱性引爆危机的制度安排——中国经验和美国教训

统计数据显示，1999 年，我国的国有商业银行不良贷款余额为 2.82 千亿元人民币，不良贷款率激增到 1994 年以来的历史峰值 44%，银行脆弱性升级。在国际货币基金组织 IMF 对其成员国进行的一项商业银行不良贷款率与金融危机（银行脆弱性的极端表现形式）关系的统计中显示，自

---

① 资料来源：国家外汇管理局。

1980 年以来，在其 108 个发生银行脆弱性凸显的成员国中，有 67%（72次）的案例由银行的不良贷款率高所引发；其中，41 次金融危机的爆发有 24 次（占比 50% 以上）与银行不良贷款高度相关。由此可见，银行的不良贷款率指数与银行脆弱性水平密切相关，直接关系到金融体系的稳定。但在我国银行不良贷款率跃升至 44% 的历史最高水平时，银行脆弱性凸显，却从没有爆发类似美国这样的金融危机；与此形成鲜明对比的是，2007 年美国银行业的不良贷款率虽然较 2006 年增加了 75%，但其不良贷款率也仅仅只有 1.4%，即使在危机最严重的 2009 年，其银行业不良贷款率也只有 5%，但却发生了银行脆弱性累计——银行倒闭——危机扩散——金融危机爆发的重大事件。[①] 以上分析表明，我国在对银行脆弱性累计引爆危机的预防上有自己的模式，这一模式可以作为一种预防银行脆弱性引爆危机的借鉴，同时，从美国爆发的次贷危机的原因和救助中我们可以提炼出更深层次的教训。本书试图从制度安排方面及经济发展阶段两方面进行探析。

6.3.1.1　中国的经验

根据施华强（2005）的估算，将政策剥离的因素剔除，1999 年，我国的国有商业银行不良贷款余额高达 2.82 万亿元人民币，不良贷款率激增到 1994 年以来的历史峰值 44%，2000 年，更是跃升至 55% 的历史高位，不良贷款余额达到 3.69 万亿元人民币，如此高的不良贷款占比，意味着银行脆弱性水平必然急剧提升，但我国经济却未发生类似美国的金融危机，创造了 30 年来增长不间断的奇迹，文章对其中的奥秘将做深入分析。根据前文描述，我国商业银行（主要指国有商业银行）的大量不良贷款原因纵然与商业银行自身经营管理水平有限有关，但更主要的原因却是与外界政府不当干预及相关体制及制度安排有关，尤其是经济转型的特定历史时期的制度体制改革。事实上，我国的不良贷款问题，在计划体制时期是几乎不存在的，其主要在向市场经济转轨期间，进行相关的金融改革，比如，"拨改贷"等金融实验时期形成。因此，更确切地说，我国大规模不良贷款是一种体制转型或者制度安排的结果，而不是商业银行经营的结果。大量不良贷款已然形成，必然引发商业银行脆弱性的积聚，我国政府面对这一问题，在我国银行业尚不发达的情况下，将不良贷款问题上

---

① 资料来源：Wind 数据库、国家统计局各年统计年鉴及 ccer 数据库。

升到宏观层面，制定了对不良贷款"直接剥离"的制定安排，对口成立了四大资产管理公司接管剥离出的不良资产，使商业银行得以在很短的时间内摆脱了处置巨额不良资产的困扰，轻装上阵，更好地为经济发展提供所需信用。此外，如此大规模的不良资产在我国金融市场上却未引发类似"金融恐慌"的一星火花，其根本原因是我国居民在对银行长期以来强大国家信用的基础上银行信用的绝对信任，这种银行信用不同于美国国家信用在银行信用崩溃时对它的加强，它是一种制度化的长期的国家信用基础上的银行信用，因此，我国居民对银行信用的信任几乎等同于对国家信用的信任。这样，我国在进行全面市场化的同时，将银行信用与国家信用进行联结，制定"直接剥离"的制度安排，使大规模不良资产仅仅作为账面数字，将"金融恐慌"挡在市场之外，成功建立了银行脆弱性引爆金融危机的隔离机制。

我国处在大规模工业化发展阶段，虚拟经济（金融、房地产以及职业服务业）的发展处在起步阶段，经济的核心产业仍然是实体经济。而且我国金融业仍处于初级阶段，金融衍生品的交易种类及规模均易于调控监管。建立在国家信用基础上的商业银行也没有发展到过度参与金融创新的阶段，加之上述分析的我国相关的制度安排，使得我国商业银行脆弱性难以不断积聚，从而引爆危机。且我国的 GDP 创造仍依赖实体经济的发展，我国核心产业的非虚拟化，使得我国的银行与非银行金融机构之间不像美国那样存在理不清的联系，同时也就降低了传染风险，虚拟经济通过信用投资等为实体经济的发展提供流动性，实体经济的强大也使虚拟经济避免了无本之源的盲目自我膨胀。因此，虚拟经济的发展应当建立在实体经济的基础上，才能预防自我增值带来的金融系统脆弱性的集体爆发。

6. 3. 1. 2　美国的教训

美国经济长期以来信奉"市场自由"思想，在制度安排上倾向于减少政府干预，主张金融市场的自由发展。在"自由发展"思想的导引下，自20 世纪六七十年代以来，在国际金融领域中，美国一直是金融自由化发展和金融创新实践的领导者。首先，在金融创新及金融自由化的制度下，凭借美元的国际霸权地位，美国经济的支柱产业逐步虚拟化（以金融、房地产及职业服务业），各种金融衍生品交易将金融机构之间织接成网，一旦发生冲击，则没有金融机构可以幸免卷入。其次，在"市场自由"的思想下，美国政府对金融机构的监管制度尤其是对金融衍生品的监管制度未进行更新升级，大量衍生品通过不断创新转移风险，但风险只是被转移，不是被消除，监管制度的不到位使得这些被转移，难以发现的风险悄悄积聚，促使金融脆弱性引爆危机发生。

美国经济经过多年的发展，凭借美元在国际货币体系中的霸主地位，支柱产业早已虚拟化，虚拟经济的盈利大小与金融杠杆有关，通过金融杠杆将投资者收入流数倍放大，同时将二级市场上资产交易价格的微小变动放大数倍，创造出巨额货币收入，杠杆持续的放大创造出美国经济中绝大多数的货币财富。金融杠杆的不断提升，使得金融资产规模和种类迅速膨胀，各种衍生品相继涌入市场，因此，虚拟经济高杠杆的盈利模式，在创造高额利润的同时也加强了银行与非银行等金融机构间千丝万缕的联系。商业银行也不例外，在利润驱使下，依然加入到了这场盛宴，成为衍生品交易的一个环节或者是创造者，从而使得美国金融市场不存在任何防火墙，金融体系变得十分脆弱，任何来自某一细小环节的波动都会很快传导到整个金融体系，将其固有的金融脆弱性引爆。由于美国经济支柱产业的虚拟化，过度依赖虚拟资本高风险、高收益的杠杆化交易方式，使得次级贷款问题迅速传播，从次级房地产贷款到优质房地产贷款，从房地产贷款市场到整个金融体系（包括商业银行），从金融、房地产等虚拟经济到汽车、钢铁等实体经济，从美国本土到世界各国，均不同程度地受到这场金融洪流的冲击。可以说，本次金融危机的根源，正是美国经济脱离了实体经济，过度依赖杠杆交易方式创利的虚拟经济发展模式，它充分体现了这种模式下美国金融体系（尤其是商业银行）的脆弱性。因此，在经济发展过程中应避免经济的过度虚拟化，严重脱离实体经济的 GDP 创造模式极易引爆银行脆弱性，带来金融危机。

6.3.2 银行脆弱性的全方位监管

6.3.2.1 从微观审慎到宏观审慎的监管

本次金融危机的爆发显示出微观监管的不足，微观监管主要针对的是金融机构的个体风险，但谢平和邹传伟（2010）指出，从微观上看，降低单个金融机构风险的共同一致行为，可能在宏观上会破坏金融体系的稳健。此外，伴随金融机构个体之间联系的交错复杂，只对单个金融机构实施监管变得十分困难，可行性下降，因此，应该重视以系统风险为主要对象的宏观审慎监管。特纳（Turner，2009）指出，宏观审慎监管主要包括以下内容：金融市场为经济提供的信贷总量、资金价格；房地产、金融等虚拟经济市场上，各种资产的价格水平，如房价指数、各种金融衍生品价格水平等；金融机构的流动性风险，融资及变现的难易程度；新兴的还未纳入监管的金融体，如影子银行等对系统风险的影响；金融机构的资本充足水平，杠杆率大小等。宏观审慎监管可采用的工具主要有：金融机构的流动性比例、杠杆率、贷款损失拨备、资本充足率、不良贷款率、缓冲资本、压力测试等。

6.3.2.2 加强金融衍生品市场监管

美国自20世纪六七十年代以来，主张金融自由化，金融创新实践在自由的土壤中蓬勃推进。但金融监管却并没有跟上金融创新的步伐，反而在相反的轨道上奔驰。伴随着各种金融衍生品的成功推出及频繁交易，金融业对美国经济的贡献越来越大，人们（包括政府）在巨额利润吸引下一致认为：防范风险的金融监管已然成为金融市场飞速发展的紧箍咒，严重降低了市场自身的运行效率。七八十年代，在美国等金融发达国家进行了一场针对金融监管的围堵：废除利率管制、降低准入资格、实施混业经营，大型综合经营集团粉墨登场。《金融服务现代化法案》的实施为金融混业经营及"去监管化"保驾护航。此后，大型混业金融集团、新兴金融体以及未纳入监管范围的"影子银行"飞速发展，各种信用证券化及金融衍生品大规模的出现。据统计，在金融危机发生前影子银行资产规模已膨胀到约20万亿美元，这一数字已超过了传统银行的资产规模。由此可见，在"自由市场"理念下的疏于监管和金融创新浪潮的向前推进，金融监管与金融创新已严重脱节。在金融衍生品市场，信息不对称普遍存在，因此，监管当局应着力提升各类衍生品市场的透明度及信息公开化，此外，应考虑建立各类提供证券化产品机构的风险共担机制，以促进其发行产品前做到尽职审慎。

6.3.2.3 压力测试

压力测试最早由国际证券监管机构组织提出，其最初的定义是"假设市场在极端不利的情形时（如利率急升或股市重挫），分析对资产组合的影响效果"。世界银行和IMF在2005年出版的《金融部门评估手册》中的解释是"压力测试是对风险因素（如资产价格）发生重大变化时资产组合价值变化幅度的大概估算"。因此，压力测试不是一种科学精确的工具，而是以定量分析为主的技术工具。国际清算银行压力测试给出的解释是，用于评定金融系统在"罕见但可能发生的"经济冲击下的薄弱和脆弱点的一系列方法和技术。以上定义虽然表述不同，但可以发现压力测试作为银行日常风险管理的重要补充，主要针对的是市场发生极端不利的变动时，帮助金融机构个体和银监会等监管部门全面认识银行个体及整个银行业风险大小及承受不利冲击的能力。

压力测试根据其测试对象可分为敏感性测试和情景测试。前者往往只针对单个风险因子或几个联系密切的风险因子的极端变化进行，而且该极端变化的变动幅度是明确给定的。比如，房价指数下跌 30%，股价下跌 60% 等。而情景测试根据情景设定方法还可细分为历史情景测试和假设情景测试。前者的情景设定是模拟历史上发生过的大事件，比如，1929 ~ 1933 年的美国经济大萧条，该方法避免了人为设定风险因子的极端变动幅度，但需要科学确定模拟的历史事件；假设情景则在设定情景时相对更加灵活，不用仅仅局限于对某历史事件的模拟，还可以考察更多的风险因子极端变动带来的最大损失。压力测试的一般流程是：首先，要确定风险因子，如汇率波动、利率变动、股价指数、房价指数等极端变动；其次，要对测试情景进行设定，之后进行假设并构建量化模型，确定估计算法等程序，嵌入已获数据，运行程序呈现结果；最后，将结果与前提假设对比分析得出最终结论。2007 年美国爆发的次贷危机似乎向世界证明了压力测试的重要性，美国政府在救助过程中正是借助压力测试的结果才能准确地把握救助对象及救助力度。之后压力测试逐渐作为政府监管金融机构风险的一项重要工具。

6.3.3 对已发生的金融危机的救助

6.2 节详细地阐述了本次美国对金融危机的政府救助。本书考虑结构的完整性，在此简要进行概述。在危机中，无论是对商业银行还是投资银行、保险机构等，政府主要从以下三个方面救助：资产方、负债方、股本权益方。具体措施有：购买问题资产、为资产损失提供担保、对金融机构债券进行担保、通过贷款或再贴现等注入流动性、认购优先股、收归国有等以补充资本金。关于救助顺序是资产救助优先还是负债优先，是笔者今后需要进一步研究的内容。此外，危机中对"大到不能倒"具有系统重要性的金融机构的救助过程中，首先，需要确定判断"大到不能倒"的标准；其次，对其救助可能引发的"道德风险"，助长各种不谨慎等冒险行为，不救助又难以承受其倒闭带来的强大负外部性，本次美国政府对"大到不能倒"具有系统重要性的金融机构救助中，同时对其制定各种限制政策，比如，削减规模、收缩业务范围，征收"金融危机费"等具有很强的借鉴意义，这些政策今后抑或可以制度化，在一定意义上可以起到降低发生金融危机的风险。

6.4　本章小结

首先，本章通过对比中美两国银行脆弱性演变为金融危机的案例分析，揭示了银行脆弱性引发危机的触发条件及有效预防。我们发现，美国经济长期以来信奉"市场自由"思想，在制度安排上，倾向于减少政府干预，主张金融市场自由发展，且在金融创新及金融自由化的制度下，凭借美元的国际霸权地位，美国经济的支柱产业逐步虚拟化（以金融、房地产及职业服务业），各种金融衍生品交易将金融机构之间织接成网，与此同时，美国政府对金融机构的监管制度尤其是对金融衍生品的监管制度未进行更新升级，大量衍生品通过不断创新转移风险，但风险只是被转移，不是被消除，监管制度的不到位使得这些被转移，难以发现的风险悄悄积聚，促使金融脆弱性引爆危机发生。而我国，正处在大规模工业化的发展阶段，虚拟经济（金融、房地产以及职业服务业）的发展处在起步阶段，经济的核心产业仍然是实体经济。而且金融业仍处于初级阶段，金融衍生品的交易种类及规模均易于调控监管。建立在国家信用基础上的商业银行也没有发展到过度参与金融创新的阶段，加之政府构建了对商业银行不良贷款进行直接剥离的制度安排，使得我国商业银行脆弱性难以不断积聚，从而引爆危机。作为一种非常时期的制度安排"直接剥离"是一种宏观智慧的体现，是非常必要的。我国在经济转轨期，为维持经济的持续无间断地增长，商业银行尤其是国有商业银行发挥了无可替代的作用与功能，同时也积累下不良贷款问题，出现大量呆坏账，非常规问题的解决需要非常规的制度，对呆坏账的直接剥离体现了我国在处理经济发展与稳定关系上的集体智慧，可以说呆坏账的剥离制度成功地避免了我国在持续快速增长的过程中累积起来的金融风险的爆发，成功阻隔了类似发达资本主义国家出现的因呆坏账集中引发银行倒闭继而发生金融危机链条的传播。

其次，对比分析了美国政府对 1929 年经济大萧条和 2007 年次贷危机的救助行为。我们发现与美国 1929～1933 年的经济大萧条的政府救助相比，本次金融危机的政府救助更加全面而成熟，具体表现在开展救助时机较为及时；美联储突破了最后贷款人救助对象的限制，将救助对象拓宽到大型投资银行、对冲基金以及保险机构等非银行金融机构；既借鉴常规的货币救助政策，同时还根据需要创新了多项货币政策工具以缓解流动性危机；深入开展了各项合作救助，既包括国内各部门之间的协调也包括国际合作，如美国财政部走向救助前台，与美联储协调合作救助重要的陷入危机的金融机构；美联储还与国际上多个国家签署了货币互换协议，支持各国央行向其国内商业银行注入美元流动性等国际合作。

最后，提出了构建"预防—监管—救助"三位一体的危机处置方案。通过类似"直接剥离"等制度安排来构建资金注入通道，对银行脆弱性水平提升从而使风险积聚引发危机到链条进行阻隔；同时要加快形成由微观审慎到宏观审慎监管理念的转变，加强对金融衍生品等创新产品的监管；政府救助主要从以下三个方面进行：资产方、负债方、股本权益方。具体措施有：购买问题资产、为资产损失提供担保、对金融机构债券进行担保、通过贷款或再贴现等注入流动性、认购优先股、收归国有等以补充资本金。

第7章

主要结论与政策启示

银行脆弱性及金融危机的爆发、预防及救助是一个内容丰富又极具现实意义的议题，特别是在金融创新蓬勃发展的今天。

笔者在研读经典理论和梳理相关文献的基础上，首先，对银行脆弱性的影响因素和银行脆弱性到金融危机的预防、触发条件及政府救助进行了理论分析，并对银行脆弱性各影响因素进行了实证检验；其次，针对2007年美国次贷危机的经典案例分析了银行脆弱性引爆危机的相关制度条件及作用机制，对比分析了美国政府对本次金融危机的救助与二十世纪二三十年代大萧条救助的新发展；最后，重点阐述了我国政府在成功预防银行脆弱性引爆危机中的制度安排，以期通过以上分析，对构建银行脆弱性引发危机的预防、监管及应急救助三位一体的相关制度的构建提供了有益参考。本书的主要研究结论如下。

（1）在过去的数十年间，世界各国经历了不同程度的金融深化。一方面，金融中介机构数量和规模持续扩大，资本市场上衍生产品相继涌现，衍生链条不断延伸，资产交易额和市值迅速攀升，使得经济虚拟化程度加深；另一方面，各国信贷出现持续的快速扩张过程。本书将银行脆弱性与信贷繁荣及经济虚拟化结合起来进行研究。文中界定并计算了经济虚拟化度、银行信贷热潮指标，选取相关宏观及银行结构等指标，采用105家银行的微观数据实证分析了我国银行脆弱性的影响因素，其中，重点考察分析了经济虚拟化视角下信贷热潮的影响及作用机理。主要结论为：信贷热潮及经济虚拟化发展程度自身对我国银行脆弱性有显著影响，而且信贷热潮还通过银行体系市场结构、银行部门提供的国内信贷占比强化了这一影响；令人欣慰的是，虚拟经济的发展弱化了信贷热潮对银行脆弱性的影响。

（2）绝大多数研究表明，银行脆弱性的凸显往往与资产价格的持续大幅波动相伴而生，而在这一过程中，银行信贷往往被认为是主要的"驱动力量"。因此，本书在分析银行脆弱性与资产价格波动之间的联系时，同时考虑信贷规模与资产价格波动的关系。在已有相关的实证分析中，大多数学者采用 Granger 因果分析和预测方差分解方法等来分析三者之间的因果关系及对脉冲的响应函数。但事实上这些方法都有一定的使用局限。因此，本书结合最新的有向无环图方法，重点探究我国信贷规模、资产价格波动与银行脆弱性间的同期因果关系，并进一步分析信贷规模、资产价格波动与银行脆弱性三者之间的相互影响，研究结果表明，信贷规模和资产价格与银行脆弱性之间不仅均存在同期因果关系，而且存在中长期的影响，但信贷规模与资产价格之间影响有限，房地产价格波动主要来自于自身因素。

（3）银行机构稳定运行的一个重要保障就是健全有效的资本监管，而资本充足率可以综合反映银行的市场风险及信贷风险，因此，资本监管一直是银行业监管的主要内容，而且在《巴塞尔协议》的 3 次修订中，资本监管的重要性从未被削弱。但是，已有关于资本监管对银行稳定性影响的研究文献中，国内外学者、经济学家无论在理论分析还是实证研究中均未取得一致结论；而且探讨资本监管与银行稳定的文献基本是在线性框架下展开的，对二者的非线性关系探讨甚少，而其中关于我国银行业的研究就更少。本书选取资本充足率作为资本监管的代理变量，实证分析了我国上市银行与非上市银行中资本监管与银行稳定之间的非线性关系。研究结果表明，我国商业银行存在资本监管与银行稳定的单一门槛效应，二者是非线性关系。此外，在上市银行样本中，无论资本充足率位于高水平还是低水平，资本监管与银行稳定均呈现负相关；而在非上市银行样本中，资本监管与银行稳定的关系不仅存在门槛特征，而且在高、低两种资本充足的状态下，资本监管对银行稳定影响的方向不同。因此，相关政策要综合考虑我国商业银行上市与否及其已有的资本充足水平。

（4）自二十世纪六七十年代以来，国际金融领域发生了一系列引人注目的改变，特别是金融自由化趋势和金融创新实践的蓬勃推进。到了八九十年代，伴随全球经济一体化及科学技术的迅猛发展，金融创新俨然发展为全球性的强大浪潮，不仅成为推动金融发展与变革的重要力量，也是推动各国经济发展不可缺少的要素之一，尤其是美、英等发达国家。与经济实践相符，这一时期经济学者的理论研究视角也大多关注金融创新对经济发展及金融稳定的积极作用，认为资产证券化等金融创新不仅能够降低金融风险，回避政府监管，而且有利于银行等金融机构优化成本管理，提高资产的流动性及盈利能力。然而 2007 年美国发生的次贷危机，在世界范围内不断蔓延与升级，成为自 20 世纪 30 年代经济大萧条以来破坏力最强、持续时间最长的全球经济危机。这使人们对金融创新促进金融稳定的传统理论观点产生质疑：传统理论片面强调金融创新对金融稳定的积极作用，而未对金融创新对金融稳定的不利冲击给予足够的重视，金融创新在规避风险的同时是不是也蕴含着金融不稳定因素的生成，我们应该如何看待金融创新对金融稳定的影响，尤其是对银行稳定的影响，对这些问题的深入研究是艰巨而又十分必要的。本书在梳理金融创新与金融稳定，尤其是银行稳定关系相关理论与实证文献的基础上，采用实证方法，针对我国现状，深入探究金融创新对银行稳定的影响。结果表明，我国和美国金融创新对银行脆弱性的影响均显著，但在我国是正向关系，而美国为负向关系，表明我国 2005 年以来的金融创新有助于改善银行体系的脆弱性水平，但美国过度的金融创新推高了银行的脆弱性水平，因此，金融创新与银行脆弱性之间已经不是简单的二元论断，而是动态变化的。方差分解表明，金融创新和资产规模的冲击对银行脆弱性水平的贡献度，我国要高于美国市场；因果关系检验表明，银行脆弱性水平与金融创新均互为因果关系，资产规模也是影响银行脆弱性水平的重要原因，但反之不成立。这启示我们：调控银行脆弱性水平时，需要区分金融创新是处于促进还是抑制银行脆弱性的发展阶段，同时，应考虑金融机构的资产规模。

（5）银行脆弱性引致危机的条件及化解机制。本书对银行脆弱性演变为金融危机的预防及触发条件构建了理论模型，并辅以具体案例进一步分析，即对比分析中、美两国在 2007 年次贷风波及其蔓延的过程中，银行业脆弱性同样受到严峻考验，但银行凸显的脆弱性是否引发了金融危机在两国却有迥然不同的结局。在美国，次贷风波最终演变为一场席卷世界的国际金融危机。在危机期间，大量金融机构陷入流动性短缺、资不抵债等漩涡，比如，花旗银行 2007 年第四季度亏损额高达 98 亿美元，成为 196 年发展史中最大的单季度亏损；联邦住房金融署直接接管了美国最大的两家住房贷款机构——房利美及房地美以避免其破产。甚至一些行业翘楚，如雷曼兄弟宣告破产。中国同样受到金融危机的影响，出口严重萎缩，大量企业停工，银行贷款风险增加，但凸显的银行脆弱性并没有发生类似美国这样的金融危机，本书结合我国实施的经济制度、政策及经济发展阶段来进行深入分析，比如，我国对银行不良贷款的处置方式等，只有这样，才能准确而清晰地认识到我国银行脆弱到金融危机演变路径阻断的机制。

此外，在制定有关限制银行脆弱性演变为金融危机的政策措施上，我们应该深刻反思此次世界各国的相关政策措施，本着以"预防"为主的原则，对金融机构表内表外各项业务施以有效的监管，并做好"应急"处置的预案，以尽量缩减其对经济发展的危害。本书试图提供一个"预防—监管—应急救助"三位一体的全方位应对脆弱性到金融危机的演变方案。预防主要通过借鉴中国在非常时期的"集中直接剥离"制度，来防止银行脆弱性集聚危及其信贷功能的发挥，从而诱发金融危机；监管强调在金融创新浪潮的冲击下，伴随金融机构个体之间联系的交错复杂，只对单个金融机构实施监管的微观审慎变得十分困难，可行性下降，因此，应该重视建立以系统风险为主要对象的宏观审慎监管。监管主要包括以下内容：金融市场为经济提供的信贷总量、资金价格；房地产、金融等虚拟经济市场上，各种资产的价格水平，比如，房价指数、各种金融衍生品价格水平等；金融机构的流动性风险，融资及变现的难易程度；新兴的还未纳入监管的金融体，比如，影子银行等对系统风险的影响；金融机构的资本充足水平，杠杆率大小等。应急救助主要针对危机已经发生，为减少损失，政府对金融机构和市场进行救助。在危机中，无论是对商业银行还是投资银行、保险机构等，政府主要从以下三个方面救助：资产方、负债方、股本权益方。具体措施有：购买问题资产、为资产损失提供担保、对金融机构债券进行担保、通过贷款或再贴现等注入流动性、认购优先股、收归国有等以补充资本金。

通过以上分析得出以下政策启示。

第一，文章中信贷热潮对银行脆弱性影响的实证分析结果表明：一是信贷热潮及股票、基金、债券等市场的发展会显著影响我国银行脆弱性。二是信贷热潮还通过银行市场结构、银行部门提供的信贷占比加剧其对银行脆弱性的负面影响，相反，虚拟经济的适度发展弱化了这一负面影响。这启示我们在制定政策时，应尽量避免信贷热潮的发生，并密切关注其持续性；改变目前过高的银行集中度及过度依赖商业银行配置资源的局面，降低银行的准入限制，发展直接融资市场，例如，适度发展股票、基金、债券等市场，同时加大监督管理，使这些市场的发展能有效分担银行承担的风险，降低银行的脆弱性。

第二，银行脆弱性受信贷规模及房地产价格的双重影响，但相对房地产价格，信贷规模的影响更大。导致信贷和房地产价格对银行脆弱性影响不同的原因，可能是因为房地产市场资金的高门槛特征，使得其价格变化不能快速得到响应，而信贷的变化则能够快速传导，尤其是向银行部门的传导，几乎不存在滞后。这意味着要确保银行体系运行的稳健性，除了监管银行自身的各项指标外，还需要同时关注信贷规模和房地产价格的波动。

第三，由于在上市银行样本中，无论资本充足率位于高水平还是低水平，资本监管与银行稳定均呈现负相关，但相关系数呈现非线性特征。具体来看，在低水平的资本充足状态下，资本监管压力的提升对银行稳定的冲击较大。而在高水平的资本充足状态下，加强资本监管对银行稳定的影响偏小，即资本监管对银行稳定的影响会因银行资本充足水平的不同而存在差异。这表明，即使银行意识到其资本水平已接近监管标准，即将受到干预，但对监管压力的反应仍不充分。因此，监管机构在制定相关政策时，要综合考虑我国商业银行的资本充足水平，还要充分考虑到政策执行的滞后及干预对银行成本影响的大小，监管要起到防患于未然的效果。而在非上市银行样本中，资本监管与银行稳定的关系不仅存在门槛特征，而且在高、低两种资本充足的状态下，资本监管对银行稳定影响的方向不同。在资本较不充足时，加强监管，会刺激银行增加高风险资产以弥补预期收益的减少，从而对银行稳定带来负向影响。而在资本较为充足时，监管压力与银行稳定呈现正向关系，这主要是由于高的资本监管将使银行自有资本承担损失，而非上市银行不存在上市银行中的管理者与股东的目标严重偏离，内部人控制问题较少发生，因此，资本监管水平的提高会迫使银行的投资决策更加谨慎，从而有效降低银行风险，维持银行稳定。这意味着对非上市银行的监管，需要鉴别其已有的资本充足水平的高低，才能实现政策的预期目标。

第四，由于银行脆弱性水平与金融创新二者互为因果关系，因此，要避免银行脆弱性的不断累积，需要密切关注金融创新的发展，同时还要区分金融创新是处于促进还是抑制银行脆弱性的发展阶段，金融创新对银行稳定并不是简单固定的关系，而是动态演变的，这一认识在制定政策时，尤其需要被关注。

第五，通过对比分析中美两国脆弱性与危机的关系，启示我们建立预防脆弱性积聚引发危机爆发的机制，可以借鉴我国政府对商业银行呆坏账的直接剥离；同时脆弱性积聚引发危机需要制度及经济发展模式等多项条件；一旦危机爆发，应该积极启动政府救助，帮助金融机构及市场尽快恢复，而且在整个脆弱性积聚过程中甚至是在救助过程中均应加强监管。因此，构建预防—监管—应急救助三位一体应对脆弱性到金融危机的制度框架非常必要。

参 考 文 献

［1］陈庆海：《美联储金融危机救助研究》，吉林大学 2012 年论文。

［2］戴维、德罗萨：《金融危机真相》，中信出版社 2008 年版。

［3］金德尔伯格、朱隽、叶翔：《疯狂，惊恐和崩溃——金融危机史》，中国金融出版社 2007 年版。

［4］廖文义：《关于加快商业银行不良资产处置的若干对策建议》，载《南方经济》2003 年第 12 期。

［5］刘骏民、宛敏华：《经济虚拟化下的呆坏账问题研究》，载《经济与管理研究》2009 年第 6 期。

［6］刘骏民、张国庆：《虚拟经济介稳性与全球金融危机》，载《江西社会科学》2009 年第 7 期。

［7］刘晓欣：《虚拟经济与价值化积累：经济虚拟化的历史与逻辑》，南开大学出版社 2005 年版。

［8］宋敏：《中国银行业脆弱性、测度及其效率改进》，河海大学 2006 年版。

［9］田艳芬：《我国银行体系脆弱性测度及影响因素研究》，吉林大学 2008 年论文。

［10］万晓莉：《中国 1987～2006 年金融体系脆弱性的判断与测度》，载《金融研究》2008 年第 6 期。

［11］王连军：《金融危机背景下政府干预与银行信贷风险研究》，载《财经研究》2011 年第 5 期。

［12］谢平、邹传伟：《金融危机后有关金融监管改革的理论综述》，载《金融研究》2010 年第 2 期。

［13］张云：《经济虚拟化条件下的货币能量功能与政策含义》，南开大学 2009 年论文。

［14］赵高翔：《政府金融救助研究：理论与经验》，华东师范大学 2009 年论文。

［15］谷小青：《金融脆弱性、信息不对称与新兴国家的金融危机》，载《山西财经大学学报》2004 年第 6 期。

［16］熊国兵：《银行业危机——从金融泡沫视角的分析》，江西财经大学 2004 年论文。

［17］张云、刘骏民：《从美元本位制到双本位国际货币体系——全球金融失衡和动荡的根源》，载《南京社会科学》2010 年第 4 期。

［18］陈守东、王淼：《我国银行体系的稳健性研究——基于面板 VAR 的实证分析》，载《数量经济技术经济研究》2011 年第 10 期。

［19］陈子季：《金融创新的宏观效应分析》，载《金融研究》2000 年第 5 期。

［20］成思危：《虚拟经济与金融危机》，载《管理科学学报》，1999 年第 1 期。

［21］方意、赵胜民、谢晓闻：《货币政策的银行风险承担分析——兼论货币政策与宏观审慎政策协调问题》，载《管理世界》2012 年第 11 期。

［22］房红：《银行体系脆弱性演进研究》，辽宁大学 2013 年论文。

［23］桂荷发、邹朋飞、严武：《银行信贷与股票价格动态关系研究》，载《金融论坛》2008 年第 11 期。

［24］郭伟：《资产价格波动与银行信贷：基于资本约束视角的理论与经验分析》，载《国际金融研究》2010 年第 4 期。

［25］郭莹莹：《国内外金融危机预警模型述评》，载《科学决策》2013 年第 10 期。

［26］何光辉：《国有商业银行不良贷款处置的最优政策》，载《财贸经济》2004 年第 6 期。

［27］胡祖六：《东亚的银行体系与金融危机》，载《国际经济评论》1998 年第 5 期。

［28］黄金老：《论金融脆弱性》，载《金融研究》2001 年第 3 期。

［29］黄宪、马理、代军勋：《资本充足率监管下银行信贷风险偏好与选择分析》，载《金融研究》2005 年第 7 期。

［30］姜春海：《中国房地产市场投机泡沫实证分析》，载《管理世界》2005 年第 12 期。

［31］姜磊、杨娟：《金融体系的脆弱性与国际金融体制的创新》，载《财政研究》2001 年第 11 期。

［32］杰拉德·克里根：《银行体系改革：中国应选择哪种模式?》，载《国际金融研究》2002 年第 5 期。

［33］康煜、凌铃、罗猛：《基于 VAR 模型的中国银行体系脆弱性实证研究》，载《金融理论与实践》2012 年第 5 期。

［34］孔庆龙：《资产价格波动与银行脆弱性关系解析》，载《理论界》2010 年第 7 期。

［35］李宝伟：《经济虚拟化下金融稳定与虚拟经济管理——基于次贷危机的启示》，载《亚太经济》2009 年第 1 期。

［36］李东荣：《浅析新兴市场经济体金融危机的成因和防范——从东亚和拉美金融危机引发的思考》，载《金融研究》2003 年第 5 期。

［37］李勇、王满仓：《资本监管、货币政策与商业银行效率非对称效应——基于面板门限回归模型的再检验》，载《经济评论》2012 年第 2 期。

［38］梁云芳、高铁梅、贺书平：《房地产市场与国民经济协调发展的实证分析》，载《中国社会科学》2006 年第 3 期。

［39］刘骏民：《从虚拟资本到虚拟经济》，山东人民出版社 1998 年版。

［40］刘骏民、季益烽：《中国经济转型特征与中国经济运行的独特方式——中国经济改革实践中的重大理论问题》，载《政治经济学评论》2013 年第 1 期。

［41］刘莉亚、任若恩：《银行危机与货币危机共生性关系的实证研究》，载《经济研究》2003 年第 10 期。

［42］刘晓欣、王飞：《中国微观银行特征的货币政策风险承担渠道检验——基于我国银行业的实证研究》，载《国际金融研究》2013 年第 9 期。

［43］刘晓欣、王飞：《中国微观银行特征的货币政策风险承担渠道检验——基于我国银行业的实证研究》，载《国际金融研究》2013 年第 9 期。

［44］龙云安：《预防金融危机　建设金融监管机制》，载《甘肃金融》2013 年第 9 期。

［45］马君潞、于红鑫、魏凤春：《财务约束、银行家行为与金融创新研究》，载《国际金融研究》2007 年第 12 期。

［46］马亚明、邵士妍：《资产价格波动、银行信贷与金融稳定》，载

《中央财经大学学报》2012 年第 1 期。

[47] 马勇、杨栋、陈雨露：《信贷扩张、监管错配与金融危机：跨国实证》，载《经济研究》2009 年第 12 期。

[48] 纽曼、米尔盖特、伊特韦尔：《新帕尔格雷夫货币金融大辞典》，经济科学出版社 2000 年版。

[49] 皮舜：《中国房地产市场与金融市场的 Granger 因果关系分析》，载《系统工程理论与实践》2004 年第 12 期。

[50] 曲洪建、张相贤、王宇明：《政府监管对银行稳健性的影响研究——基于中国上市商业银行的实证检验》，载《当代经济管理》2014 年第 1 期。

[51] 施华强：《国有商业银行账面不良贷款、调整因素和严重程度：1994~2004》，载《金融研究》2005 年第 12 期。

[52] 石睿：《金融创新、金融风险与金融稳定的理论分析》，载《南方金融》2011 年第 6 期。

[53] 宋琴、郑振龙：《巴塞尔协议Ⅲ、风险厌恶与银行绩效——基于中国商业银行 2004~2008 年面板数据的实证分析》，载《国际金融研究》2011 年第 7 期。

[54] 谭政勋、侯喆：《资产价格波动影响金融稳定及其传导机制述评》，载《南方金融》2011 年第 9 期。

[55] 谭政勋、魏琳：《信贷扩张、房价波动对金融稳定的影响》，载《当代财经》2010 年第 9 期。

[56] 王家强、瞿亢：《中国银行业国际化现状、前景与对策建议——兼评 2014 年全球 1000 家大银行排行榜》，载《国际金融》2014 年第 8 期。

[57] 王晓明：《银行信贷与资产价格的顺周期关系研究》，载《金融研究》，2010 年第 3 期。

[58] 吴俊、康继军、张宗益：《中国经济转型期商业银行资本与风险行为研究——兼论巴塞尔协议在我国的实施效果》，载《财经研究》2008 年第 1 期。

[59] 吴文锋、靳莹：《基于 DAG 方法的物价波动国际间传导研究》，载《中国管理科学》2008 年第 S1 期。

[60] 伍志文：《金融脆弱性：理论及基于中国的经验分析（1991~2000）》，载《经济评论》2003 年第 2 期。

[61] 伍志文：《中国银行体系脆弱性状况及其成因实证分析（1978～2000）》，载《金融研究》2002年第12期。

[62] 肖本华：《投资成本、信贷扩张与资产价格》，载《世界经济》2008年第9期。

[63] 肖丽、叶蜀君：《公司治理与银行稳定的关系研究》，载《南京社会科学》2014年第3期。

[64] 徐璐、钱雪松：《信贷热潮对银行脆弱性的影响——基于中国的理论与实证研究》，载《国际金融研究》2013年第11期。

[65] 徐明东、陈学彬：《货币环境、资本充足率与商业银行风险承担》，载《金融研究》2012年第7期。

[66] 宣昌能、王信：《金融创新与金融稳定：欧美资产证券化模式的比较分析》，载《金融研究》2009年第5期。

[67] 杨熠、林仁文：《资本充足率越高，银行的风险越低吗——基于利率风险的考察》，载《财经科学》2013年第5期。

[68] 杨子晖：《财政政策与货币政策对私人投资的影响研究——基于有向无环图的应用分析》，载《经济研究》2008年第5期。

[69] 于立勇、曹凤岐：《论新巴塞尔资本协议与我国银行资本充足水平》，载《数量经济技术经济研究》2004年第1期。

[70] 袁志刚、樊潇彦：《房地产市场理性泡沫分析》，载《经济研究》2003年第3期。

[71] 约翰·梅纳德·凯恩斯：《货币论》，商务印书馆1986年版。

[72] 约翰·伊特韦尔、艾斯·泰勒：《新帕尔格雷夫经济学大辞典》，经济科学出版社2001年版。

[73] 翟光宇、陈剑：《资本充足率高代表资本充足吗？——基于中国上市银行2007～2011年季度数据分析》，载《国际金融研究》2011年第10期。

[74] 张荣峰：《开放经济下宏观经济政策与银行稳定》，载《金融纵横》2007年第23期。

[75] 张筱峰、王健康、陶金：《中国银行体系脆弱性的测度与实证研究》，载《财经理论与实践》2008年第1期。

[76] 张旭：《金融深化，经济转轨与银行稳定研究》，经济科学出版社2004年版。

[77] 钟永红：《商业银行核心资本充足率影响因素实证分析》，载

《国际金融研究》2014 年第 1 期。

[78] 周京奎:《房地产价格波动与投机行为——对中国 14 城市的实证研究》,载《当代经济科学》2005 年第 4 期。

[79] 周泳宏、邓卫广:《聚集条件下的多企业间外溢效应——基于 DAG 与 Granger 的面板分析》,载《经济学》2010 年第 1 期。

[80] 宗寒:《从虚拟经济看西方金融危机》,载《求是》2012 年第 8 期。

[81] 邹薇:《资本过度流入、信贷扩张与银行体系稳定》,载《生产力研究》2007 年第 18 期。

[82] Abdullah Dewan A. , Rangazas Peter C. , Money and the Business Cycle: Another Look. *The Review of Economics and statistics*, 1988, pp. 680 – 685.

[83] Acharya Viral V. , Schnabl Philipp, Suarez Gustavo, Securitization Without Risk Transfer. *Journal of Financial Economics*, Vol. 107, No. 3, 2013, pp. 515 – 536.

[84] Aikman David, Haldane Andrew G. , Nelson Benjamin D. , Curbing the Credit Cycle. *The Economic Journal*, 2013.

[85] Aizenman Joshua, On the Paradox of Prudential Regulations in the Globalized Economy: International Reserves and the Crisis a Reassessment. Social Science Electronic Publishing, 2009.

[86] Allen Franklin, Gale Douglas, Optimal Financial Crises. *The Journal of Finance*, Vol. 53, No. 4, 1998, pp. 1245 – 1284.

[87] Allen Franklin, Gale Douglas, Bubbles and Crises. *The Economic Journal*, Vol. 110, No. 460, 2000, pp. 236 – 255.

[88] Allen Franklin, Gale Douglas, *Financial Innovation and Risk Sharing*: MIT press, 1994.

[89] Altunbas Yener, Gambacorta Leonardo, Marques-Ibanez David, Bank Risk and Monetary Policy. *Journal of Financial Stability*, Vol. 6, No. 3, 2010, pp. 121 – 129.

[90] Awokuse Titus O. , Export-led Growth and the Japanese Economy: Evidence from VAR and Directed Acyclic Graphs. *Applied Economics Letters*, Vol. 12, No. 14, 2005, pp. 849 – 858.

[91] Bank The World, The World Bank Annual Report, 2001.

[92] Barajas Adolfo, Dell Ariccia Giovanni, Levchenko Andrei, Credit Booms: The Good, the Bad, and the Ugly. *Unpublished: International Monetary Fund*, 2007.

[93] Barth James R. , Caprio Jr Gerard, Levine Ross, Bank Regulation and Supervision: What Works Best? *Journal of Financial intermediation*, Vol. 13, No. 2, 2004, pp. 205 – 248.

[94] Beck Thorsten, Demirgü Kunt Asl, Levine Ross, Financial Institutions and Markets Across Countries and over Time: The Updated Financial Development and Structure Database. *The World Bank Economic Review*, Vol. 24, No. 1, 2010, pp. 77 – 92.

[95] Bernanke Ben S. , Alternative Explanations of the Money-income Correlation: Elsevier, 1986, pp. 49 – 99.

[96] Bernanke Ben S. , Non-monetary Effects of the Financial Crisis in the Propagation of the Great Depression: National Bureau of Economic Research Cambridge, Mass. , USA, 1983.

[97] Bernanke Ben S. , Alternative Explanations of the Money-income Correlation: Elsevier, 1986, pp. 49 – 99.

[98] Bernanke Ben S. , Lown Cara S. , Friedman Benjamin M. , The Credit Crunch. *Brookings Papers on Economic Activity*, 1991, pp. 205 – 247.

[99] Bertay Ata Can, Demirgüç – Kunt Asli, Huizinga Harry, Do We Need Big Banks? Evidence on Performance, Strategy and Market Discipline. *Journal of Financial Intermediation*, Vol. 22, No. 4, 2013, pp. 532 – 558.

[100] Besanko David, Kanatas George, The Regulation of Bank Capital: Do Capital Standards Promote Bank Safety? *Journal of financial intermediation*, Vol. 5, No. 2, 1996, pp. 160 – 183.

[101] Bessler David A. , Wang Zijun, D-separation, Forecasting, and Economic Science: a Conjecture. *Theory and Decision*, Vol. 73, No. 2, 2012, pp. 295 – 314.

[102] Bessler David A. , Yang Jian, The Structure of Interdependence in International Stock Markets. *Journal of International Money and Finance*, Vol. 22, No. 2, 2003, pp. 261 – 287.

[103] BIS, Recent Innovations in International Banking, Report Pre-

pared by a Study Group Established by the Central Banks of the Group of Ten Countries, Basel, 1986.

［104］ Blum Jürg, Do Capital Adequacy Requirements Reduce Risks in Banking? *Journal of Banking & Finance*, Vol. 23, No. 5, 1999, pp. 755 – 771.

［105］ Borio Claudio EV, Lowe Philip William, Asset Prices, Financial and Monetary Stability: Exploring the Nexus, 2002.

［106］ Brenda González – Hermosillo Ceyla Pazarbaşioǧlu And Robert, Determinants of Banking System Fragility: A Case Study of Mexico. *IMF Staff papers*, Vol. 44, No. 3, 1997, pp. 295 – 314.

［107］ Brunnermeier Markus K. , Sannikov Yuliy, A Macroeconomic Model with a Financial Sector. *The American Economic Review*, Vol. 104, No. 2, 2014, pp. 379 – 421.

［108］ Bustelo Pablo, Novelties of Financial Crises in the 1990s and the Search for New Indicators. *Emerging Markets Review*, Vol. 1, No. 3, 2000, pp. 229 – 251.

［109］ Chatelain Jean Bernard, Ehrmann Michael, Generale Andreaet al, Monetary Policy Transmission in the Euro Area: New Evidence from Micro Data on Firms and Banks. *Journal of the European Economic Association*, Vol. 1, No. 2 – 3, 2003, pp. 731 – 742.

［110］ Chen Nan – Kuang, Asset Price Fluctuations in Taiwan: Evidence from Stock and Real Estate Prices 1973 to 1992. *Journal of Asian Economics*, Vol. 12, No. 2, 2001, pp. 215 – 232.

［111］ Cihak Martin, Demirguc – Kunt Asli, Feyen Eriket al, Benchmarking Financial Systems Around the World, *The World Bank*, *Policy Reserch Working Paper Series*: 6175, 2012.

［112］ Congleton Roger D. , On the Political Economy of the Financial Crisis and Bailout of 2008 – 2009. *Public Choice*, Vol. 140, No. 3 – 4, 2009, pp. 287 – 317.

［113］ Cooley Thomas F. , LeRoy Stephen F. , A Theoretical Macroeconometrics: A Critique. *Journal of Monetary Economics*, Vol. 16, No. 3, 1985, pp. 283 – 308.

［114］ Cooley Thomas F. , LeRoy Stephen F. , Atheoretical Macroeconometrics: A Critique. *Journal of Monetary Economics*, Vol. 16, No. 3, 1985, pp. 283 – 308.

[115] De Nicoló Gianni, Dell Ariccia Giovanni, Laeven Lucet al, *Monetary Policy and Bank Risk Taking*: Citeseer, 2010.

[116] Delis Manthos D. , Kouretas, Interest Rates and Bank Risk-taking. *Journal of banking & finance*, Vol. 35, No. 4, 2011, pp. 840 – 855.

[117] Dell Ariccia Giovanni, Marquez Robert, Lending Booms and Lending Standards. *The Journal of Finance*, Vol. 61, No. 5, 2006, pp. 2511 – 2546.

[118] DeMarzo Peter M. , The Pooling and Tranching of Securities: A Model of Informed Intermediation. *Review of Financial Studies*, Vol. 18, No. 1, 2005, pp. 1 – 35.

[119] Demirgüc – Kunt Asli, Detragiache Enrica, Cross – Country Empirical Studies of Systemic Bank Distress: A Survey. , 2005.

[120] Demirgüç – Kunt Asli, Detragiache Enrica, The Determinants of Banking Crises in Developing and Developed Countries. *Staff Papers – International Monetary Fund*, 1998, pp. 81 – 109.

[121] Diamond Douglas W. , Dybvig Philip H. , Bank Runs, Deposit Insurance, and Liquidity. *The journal of political economy*, 1983, pp. 401 – 419.

[122] Diamond Douglas W. , Rajan Raghuram G. , Liquidity Shortages and Banking Crises. *The Journal of Finance*, Vol. 60, No. 2, 2005, pp. 615 – 647.

[123] Dong Yizhe, Meng Chao, Firth Michaelet al, Ownership Structure and Risk – Taking: Comparative Evidence from Private and State – Controlled Banks in China. *Available at SSRN 2089979*, 2013.

[124] Duffie Darrell, Garleanu Nicolae, Risk and Valuation of Collateralized Debt Obligations. *Financial Analysts Journal*, 2001, pp. 41 – 59.

[125] Dynan Karen E. , Elmendorf Douglas W. , Sichel Daniel E. , Can Financial Innovation Help to Explain the Reduced Volatility of Economic activity? *Journal of Monetary Economics*, Vol. 53, No. 1, 2006, pp. 123 – 150.

[126] Fisher Irving, *The Debt-deflation Theory of Great Depressions*: s. n. , 1933, pp. 337 – 357.

[127] Frankel Jeffrey A. , Rose Andrew K. , Currency Crashes in Emerging Markets: An Empirical Treatment. *Journal of International Economics*, Vol. 41, No. 3, 1996, pp. 351 – 366.

[128] Furlong Frederick T. , Keeley Michael C. , Capital Regulation and Bank Risk-taking: A note. *Journal of Banking & Finance*, Vol. 13, No. 6, 1989, pp. 883 – 891.

[129] Gennaioli Nicola, Shleifer Andrei, Vishny Robert, Neglected Risks, Financial Innovation, and Financial Fragility. *Journal of Financial Economics*, Vol. 104, No. 3, 2012, pp. 452 – 468.

[130] Gerdrup Karsten R. , Three Episodes of Financial Fragility in Norway Since the 1890s. , 2003.

[131] Glick Reuven, Hutchison Michael M. , Banking and Currency Crises: How Common are Twins? Pacific Basin Working Paper, 1999.

[132] Godlewski Christophe J. , Capital Regulation and Credit Risk Taking: Empirical Evidence From Banks in Emerging Market Economies. *Economics Working Paper Archive at WUSTL*, 2004.

[133] Gonzalez – Hermosillo Brenda, *Determinants of ex-ante Banking System Distress: a Macro-micro Empirical Exploration of Some Recent Episodes*: International Monetary Fund, 1999.

[134] González – Paramo Jose Manuel, Financial Market Failures and Public Policies: a Central Banker's Perspective on the Global Financial Crisis. *Hacienda Pública Española*, 190, 2009, pp. 127 – 156.

[135] Gourinchas Pierre – Olivier, Landerretche Oscar, Valdes Rodrigo, Lending Booms: Latin America and the World. *CEPR Discussion Papers*, Vol. DP2811, No. , 2001.

[136] Gourinchas Pierre – Olivier, Valdes Rodrigo, Landerretche Oscar, Lending Booms: Latin America and the World. CEPR Discussion Papers, Vol. DP2811, No. , 2001.

[137] Greenbaum Stuart I. , Thakor, Bank Funding Modes: Securitization Versus Deposits. *Journal of Banking and Finance*, Vol. 11, No. 3, 1987, pp. 379 – 401.

[138] Greenbaum Stuart I. , Thakor Anjan V. , Bank Funding Modes: Securitization Versus Deposits. *Journal of Banking & Finance*, Vol. 11, No. 3,

1987, pp. 379 - 401.

[139] Greiber Claus, Setzer Ralph, Money and Housing: Evidence for the Euro Area and the US. Deutsche Bundesbank Piscussion Paper, 2007.

[140] Gujarati Damodar N. , Basic Econometrics. 4th: New York: McGraw - Hill, 2003.

[141] Hamilton James D. , Waggoner Daniel F. , Zha Tao, Normalization in Econometrics. *Econometric Reviews*, Vol. 26, No. 2 - 4, 2007, pp. 221 - 252.

[142] Hansen Bruce E. , Threshold Effects in Non-dynamic Panels: Estimation, Testing, and Inference. *Journal of Econometrics*, Vol. 93, No. 2, 1999, pp. 345 - 368.

[143] Hansen Bruce E. , Sample Splitting and Threshold Estimation. *Econometrica*, Vol. 68, No. 3, 2000, pp. 575 - 603.

[144] Hayek Friedrich A. , Monetary Theory and the Trade cycle, 1932.

[145] Holtz - Eakin Douglas, Newey Whitney, Rosen Harvey S. , Estimating Vector Autoregressions with Panel Data. *Econometrica*: *Journal of the Econometric Society*, 1988, pp. 1371 - 1395.

[146] Horne James C. , of Financial Innovations and Excesses. *The Journal of Finance*, Vol. 40, No. 3, 1985, pp. 621 - 631.

[147] HORNE JAMES C. , of Financial Innovations and Excesses. *The Journal of Finance*, Vol. 40, No. 3, 1985, pp. 621 - 631.

[148] Houston Joel F. , Lin Chen, Lin Ping et al, Creditor Rights, Information Sharing, and Bank Risk Taking. *Journal of Financial Economics*, Vol. 96, No. 3, 2010, pp. 485 - 512.

[149] Instefjord Norvald, Risk and Hedging: Do Credit Derivatives Increase Bank Risk? *Journal of Banking & Finance*, Vol. 29, No. 2, 2005, pp. 333 - 345.

[150] Ivashina Victoria, Scharfstein David, Bank Lending During the Financial Crisis of 2008. *Journal of Financial Economics*, Vol. 97, No. 3, 2010, pp. 319 - 338.

[151] Jacques Kevin, Nigro Peter, Risk-based Capital, Portfolio Risk, and Bank Capital: A Simultaneous Equations Approach. *Journal of Economics and Business*, Vol. 49, No. 6, 1997, pp. 533 - 547.

[152] Jacques Kevin, Nigro Peter, Risk-based Capital, Portfolio Risk, and Bank Capital: A Simultaneous Equations Approach. *Journal of Economics and Business*, Vol. 49, No. 6, 1997, pp. 533 – 547.

[153] Jansen Anne, Mathieson Mr Donald J. , Eichengreen Mr Barry J. et al. , *Hedge Funds and Financial Market Dynamics (EPub)*: International Monetary Fund, 1998.

[154] Jiménez Gabriel, Lopez Jose A. , Saurina Salas Jesus, How Does Competition Impact Bank Risk-taking?, Federal Reserve Bank of San Francisco Working Paper Series, 2010.

[155] Kahane Yehuda, Capital Adequacy and the Regulation of Financial Intermediaries. *Journal of Banking & Finance*, Vol. 1, No. 2, 1977, pp. 207 – 218.

[156] Kaminsky Graciela, Lizondo Saul, Reinhart Carmen M. , Leading Indicators of Currency Crises. *Staff Papers – International Monetary Fund*, 1998, pp. 1 – 48.

[157] Kaufman George G. , Lender of Last Resort: A Contemporary Perspective. *Journal of Financial Services Research*, Vol. 5, No. 2, 1991, pp. 95 – 110.

[158] Keeley Michael C. , Furlong Frederick T. , A Reexamination of Mean-variance Analysis of Bank Capital Regulation. *Journal of Banking & Finance*, Vol. 14, No. 1, 1990, pp. 69 – 84.

[159] Keran Michael W. , Expectations, Money, and the Stock Market. *Federal Reserve Bank of St. Louis Review*, January 1971.

[160] Keynes John M. , *The General Theory of Employment, Interest, and Money*. London: Macmillan Press, 1936.

[161] Kibritcioglu Aykut, Excessive Risk-taking, Banking Sector Fragility, and Banking Crises. *University of Illinois at Urbana – Champaign, College of Commerce and Business Administration, Office of Research Working Papers*, 02 – 0114, 2002.

[162] Kim Daesik, Santomero Anthony M. , Risk in Banking and Capital Regulation. *The Journal of Finance*, Vol. 43, No. 5, 1988, pp. 1219 – 1233.

[163] Kiyotaki Nobuhiro, Moore John, Credit Cycles. Journal of Political Eeonomy, Vol. 105, No. 2, 1995, 211 – 248.

[164] Koehn Michael, Santomero Anthony M. , Regulation of Bank Capital and Portfolio Risk. *The Journal of Finance*, Vol. 35, No. 5, 1980, pp. 1235 – 1244.

[165] Krugman Paul, Bubble, Boom, Crash: Theoretical Notes on Asia's Crisis. Working Paper, MIT, Cambridge, Massachussetts, 1998.

[166] Kumar Mohan, Moorthy Uma, Perraudin William, Predicting Emerging Market Currency Crashes. *Journal of Empirical Finance*, Vol. 10, No. 4, 2003, pp. 427 – 454.

[167] Kuttner Kenneth N. , Posen Adam Simon, The Great Recession: Lessons for Macroeconomic Policy from Japan. *Brookings Papers on Economic Activity*, Vol. 2001, No. 2, 2001, pp. 93 – 185.

[168] Kwon Dae – Heum, Bessler David A. , Graphical Methods, Inductive Causal Inference, and Econometrics: a Literature Review. *Computational Economics*, Vol. 38, No. 1, 2011, pp. 85 – 106.

[169] Laeven Luc, Levine Ross, Bank Governance, Regulation and Risk Taking. *Journal of Financial Economics*, Vol. 93, No. 2, 2009, pp. 259 – 275.

[170] Maddaloni Angela, Peydró José – Luis, Bank Risk-taking, Securitization, Supervision, and Low Interest Rates: Evidence from the Euro-area and the US Lending Standards. *Review of Financial Studies*, Vol. 24, No. 6, 2011, pp. 2121 – 2165.

[171] McKinnon Ronald I. , Pill Huw, International Overborrowing: A Decomposition of Credit and Currency Risks. *World Development*, Vol. 26, No. 7, 1998, pp. 1267 – 1282.

[172] Mendoza Enrique G. , Terrones Marco、Mendoza Enrique G. , *An Anatomy of Credit Booms: Evidence From Macro Aggregates and Micro Data*: International Monetary Fund, 2008, pp. 50.

[173] Mendoza Ronald U. , Was the Asian Crisis A Wake-up Call? Foreign Reserves as Self-protection. *Journal of Asian Economics*, Vol. 21, No. 1, 2010, pp. 1 – 19.

[174] Merton Robert C. , Financial Innovation and Economic Performance. *Journal of Applied Corporate Finance*, Vol. 4, No. 4, 1992, pp. 12 – 22.

[175] Miller Merton H. , Financial Innovation: The Last Twenty Years and the Next. *Journal of Financial and Quantitative Analysis*, Vol. 21, No. 04,

1986, pp. 459 – 471.

[176] Minsky Hyman P. , Finance and Stability: the Limits of Capitalism. Economics Working Paper Archive, 1993.

[177] Minsky Hyman, The Financial Fragility Hypothesis: Capitalist Process and the Behavior of the Economy. *Kindleberger CP*, *Jean – Pierre Laffargue. Financial crisis*, Vol. 1, No. , 1982, pp. 982.

[178] Minsky Hyman, The Financial Instability Hypothesis. *The Jerome Levy Economics Institute Working Paper*, 74, 1992.

[179] Montiel Peter J. , What Drives Consumption Booms? *The World Bank Economic Review*, Vol. 14, No. 3, 2000, pp. 457 – 480.

[180] Niehans Jürg, Financial Innovation, Multinational Banking, and Monetary Policy. *Journal of Banking & Finance*, Vol. 7, No. 4, 1983, pp. 537 – 551.

[181] Pasiouras Fotios, Tanna Sailesh, Zopounidis Constantin, The Impact of Banking Regulations on Banks' Cost and Profit Efficiency: Cross-country Evidence. *International Review of Financial Analysis*, Vol. 18, No. 5, 2009, pp. 294 – 302.

[182] Pearl Judea, Causal Diagrams for Empirical Research. *Biometrika*, Vol. 82, No. 4, 1995, pp. 669 – 688.

[183] Pearl Judea, *Causality: Models*, *Reasoning and Inference*: Cambridge Univ Press, 2000.

[184] Pesaran M. Hashem, Generalized Impulse Response Analysis in Linear Multivariate Models. *Economics Letters*, Vol. 58, No. 1, 1998, pp. 17 – 29.

[185] Plosser Charles I. , Financial Econometrics, Financial Innovation, and Financial Stability. *Journal of Financial Econometrics*, Vol. 7, No. 1, 2009, pp. 3 – 11.

[186] Reinhart Carmen M. , Rogoff, This Time is Different: A Panoramic View of Eight Centuries of Financial Crises, 2008.

[187] Reinhart Carmen M. , Rogoff Kenneth S. , Is the 2007 US Subprime Financial Crisis so Different? An International Historical Comparison. NBER Working Paper Series, Working Paper 13761, 2008.

[188] Repullo Rafael, Capital Requirements, Market Power, and Risk-

taking in Banking. *Journal of Financial Intermediation*, Vol. 13, No. 2, 2004, pp. 156 – 182.

[189] Rochet Jean – Charles, Tirole Jean, Interbank Lending and Systemic Risk. *Journal of Money, Credit and Banking*, 1996, pp. 733 – 762.

[190] Rothenberg TJ, Identification in Parametric Model, 1971, pp. 577 – 591.

[191] Sachs Jeffrey, Tornell Aaron, Velasco Andres, Financial Crises in Emerging Markets: the Lessons From 1995. Brooking Paper on Economic Activity, 1996, pp. 147 – 215.

[192] Schularick Moritz, Taylor Alan M., DP7570 Credit Booms Gone Bust: Monetary Policy, Leverage Cycles and Financial Crises, 1870 – 2008, American Economic Review, 2012, pp. 1029 – 1061.

[193] Shiller Robert J., *The Subprime Solution: How Today's Global Financial Crisis Happened, and What to do about it*: Princeton University Press, 2008.

[194] Sims Christopher A., Money, Income, and Causality. *The American Economic Review*, 1972, pp. 540 – 552.

[195] Sims Christopher A., Macroeconomics and Reality. *Econometrica: Journal of the Econometric Society*, 1980, pp. 1 – 48.

[196] Sims Christopher A., Are Forecasting Models Usable for Policy Analysis? *Federal Reserve Bank of Minneapolis Quarterly Review*, Vol. 10, No. 1, 1986, pp. 2 – 16.

[197] Soedarmono Wahyoe, Machrouh Fouad, Tarazi Amine, Bank Competition, Crisis and Risk Taking: Evidence From Emerging Markets in Asia. *Journal of International Financial Markets, Institutions and Money*, Vol. 23, No., 2013, pp. 196 – 221.

[198] Solow Robert M., On the Lender of Last Resort. *Financial Crises: Theory, History and Policy, Cambridge University Press, Cambridge*, 1982.

[199] Spirtes Peter, Glymour Clark N., Scheines Richard, *Causation, Prediction, and Search*: MIT press, 2000.

[200] Swanson Norman R., Granger Clive WJ, Impulse Response Functions Based on a Causal Approach to Residual Orthogonalization in Vector Autoregressions. *Journal of the American Statistical Association*, Vol. 92, No. 437, 1997, pp. 357 – 367.

［201］Tabak Benjamin M. , Laiz Marcela T. , Cajueiro Daniel O. , Financial Stability and Monetary Policy – The Case of Brazil. *Revista Brasileira de Economia*, Vol. 67, No. 4, 2013, pp. 431 – 441.

［202］Terrones Marco, Mendoza Enrique, Are Credit Booms in Emerging Markets a Concern. *World Economic Outlook*, Vol. 147, No. , 2004, pp. 166.

［203］Tornell Aaron, Westermann Frank, Boom-bust Cycles in Middle Income Countries: Facts and Explanation. , 2002.

［204］Tufano Peter, Financial Innovation. *Handbook of the Economics of Finance*, Vol. 1, No. , 2003, pp. 307 – 335.

［205］Turner Adair, *The Turner Review: A Regulatory Response to the Global Banking Crisis*: Financial Services Authority London, 2009.

［206］Yang Jian, Guo Hui, Wang Zijun, International Transmission of Inflation Among G – 7 Countries: A data-determined VAR Analysis. *Journal of Banking & Finance*, Vol. 30, No. 10, 2006, pp. 2681 – 2700.

后　记

　　2012 年 6 月，我收到了南开大学西方经济学专业的博士入学通知书，求学南开园的梦想得以实现。2015 年 7 月，在刘骏民老师的精心指导和亲人、朋友、同学的帮助下，我有幸从南开园顺利毕业，加入山西财经大学，成为一名高等教育工作者。工作后不久，于 2016 年 3 月获得山西省高等学校哲学社会科学研究项目——商业银行不稳定性分析与金融危机的触发及预防的立项。

　　时光飞逝，三年的博士生活、两年的课题研究即将结束，蓦然回首，感慨良多。三年求学生涯中我受到来自导师的良多教诲，首先，是敬爱的柳欣教授，能够师从先生是我人生一大幸事。柳老师学识渊博、执着求真、性情豁达、待人宽厚，以及他对宏观经济的独特见解，无不令人心生敬仰，也吸引我对宏观经济理论和现实研究产生极大兴趣。然而，天妒英才，先生的英年早逝让人心痛无比，纵然万般不舍，仍愿先生在另一个世界继续他的经济学研究。此后，我师从刘骏民教授。刘老师在学术上治学严谨、思想独立，为人风趣幽默、乐观豁达，待学生真诚仁慈，是我辈后人的学习楷模。与刘老师每次交流都使我深受启发，老师精辟的见解和独立的思想更是让我倍感折服，受益终生。在南开园的三年，能够聆听两大经济学导师的教诲，感受他们的学术傲骨，实在是三生有幸。

　　工作期间，本人在山西省高等学校哲学社会科学研究项目——商业银行不稳定性分析与金融危机的触发及预防的资助下，将博士期间跟踪的货币金融与宏观运行能够继续深入，在此基础上，在经济科学出版社的帮助下将研究成果集结成册公开发行，得以将自己的研究进行广泛地传播，以期为相关经济及政策制定部门提供有益的参考。

　　在本书完成的过程中，我要感谢我的家人，我的爱人聂思玥与我风雨同舟，每一次讨论，每一次鼓励都成为我前进的动力。我的妈妈、爸爸用他们的行动给我莫大的支持，全力承担了照顾我女儿成长的万般辛劳，使我可以安心科研，他们的付出不是感谢所能表达的。这些美好的记忆，需要用一生的感恩去铭记和回报。

李梦花

2018 年 7 月于山西财经大学